决策有方

MAKING ACCOUNTABLE DECISIONS

【美】萨姆 · 西尔弗斯坦（Sam Silverstein）著
阚春梅 译

中国商业出版社

图书在版编目（CIP）数据

决策有方 /（美）萨姆·西尔弗斯坦（Sam Silverstein）著；阚春梅译 .-- 北京：中国商业出版社，2018.12
ISBN 978-7-5208-0608-4

Ⅰ．①决… Ⅱ．①萨… ②阚… Ⅲ．①决策（心理学）—通俗读物 Ⅳ．①B842. 5-49

中国版本图书馆 CIP 数据核字（2018）第 268020 号

著作权合同登记号 图字：01-2018-7984

Originally published in the U. S. A. under the title: *Making Accountable Decisions: A Journey to an Accountable Life*

ISBN 13: 9781640950146
ISBN eBook: 9781640950153
Published by Sound Wisdom P. O. Box 310, Shippensburg, PA17257-0310

责任编辑：孙锦萍

中国商业出版社出版发行
010-63180647 www.c-cbook.com
（100053 北京广安门内报国寺 1 号）
新华书店经销
环球东方（北京）印务有限公司印制

880 毫米 ×1230 毫米　32 开　6 印张　83 千字
2018 年 12 月第 1 版　2018 年 12 月第 1 次印刷
定价：32.00 元
★★★★★
（如有印装质量问题可更换）

目录

前言：决定很重要

我们的信念，以及我们所做的一系列决定，造就了如今的我们。我们的信念驱动我们做出决定；继而，我们做出的这些决定，决定了我们能够取得什么样的成就，能够留下什么样的传承。一个能够促使你锲而不舍、继续前进的决定，内中是含有某种确定性的。

在我们的一生当中，我们时常会面临需要做出决定的情况。做决定，是一种责任，一种无法逃避的责任，无论你喜欢与否。实质上，在一个特定的情况下，决定什么都不做，或者不决定怎么做，本身就是一个决定了。在我们知道自己所信的是什么，要为之奋斗的目标是什么之后，再做出一个决定，往往就更加简单了。

做决定，也意味着接受这样一个观点——我们是大局的一部分。我们的决定，可不只涉及我们一个人。因为我们的决定不仅能影响我们自身，还会影响到我们周围的人。我们的决定，决定了我们会采取什么样的行为；我们周围的人接收到我们的行为，并对我们的行为进行解读，然后据此形成各自的观点和感受，并最终产生出与我们有利或者不利的行为。我们的决定，就这样决定了我们的传承。

我们如何看待这个世界，如何看待其中所展现出来的各种力量，会在很大的程度上影响到我们对于可能性的认知；而我们对于自身以及个人能力的信念，以及我们对于可能性的认知，有着同样的影响。这些信念，会影响我们的决定。

我们的决定不仅会影响当下，还会影响我们的未来。它会左右我们个人能力的成长，牵连我们在未来要做的决定。比方说，如果我们在一些事上被打了个措手不及，当时所做出的决定，可能是先后退，躲一躲眼下的麻烦再说。这个决定所产生的一个后果，就是我们避开了挑战，而不是直接面对它，甚至尝试去打败它。如果现在我们逃避问题的习惯越深，那么在未来，我们面对和处理问题的能力就会越差。同时，我们自己从未来的挑战中所获得的成长，也会越来越少。所以说，我们现在做出的决定，能够影响今后我们处理问题的能力。人生是如此的错综复杂，一个决定常常会决定另一个决定。这一个又一个的决定，将使我们能够应对越加困难的处境。

认识到自己需要做出决定，是我们通向成长的第一步。明白我们所做出的决定的重要性，以及此时此刻的价值，是一个关键。我们专注于目前的行为，专心地活在当下，就会产生出一种特定的正向观念，让我们此时此刻就能发挥出自己最大的能力，做出最佳的表现！有一个清晰的头脑，可以使我们能够察觉出眼下要做什么决定，然后积极地、用前瞻性的方式来加以处理。

我们在做决定的时候，若是选择把重点放在自己能掌控的那些事情上，就能得出一个结果来；若是把重点放在我们不能控制的东西上，就不会有多少选择的余地，甚至连一个可选的方案都没有，结果我们就没法做出一个决定来；而没有了决定，也就没有动力可以推动我们向前进了。在任何情况下，摆在你眼前的问题是：“此时此刻我能掌控的是什么？”一旦你提出这个问题，并且回答了它，你就能知道该把自己的思想和创造力集中运用到什么地方了。并且，你会发现自己正在做的决定，决定了你未来是否能够继续向前发展。

有一些决定做起来容易，其他的决定可就难多了。弄清楚可能会出现什么结果，能帮助你做出难以决断的决定。

在你阅读这本书的过程中，你将会遇到一些原则。这些原则将帮助你做出有效的、负责任的决定。在每一个原则的后面，都会有一个故事来进行相应的阐释，之后还会有一个或者几个段落来做进一步的说明。在这些起说明作用的段落里，会有对于信念的阐述，也会附有一些额外的问题。我的初衷并不是给出基于我个人的信念体系得出的答案，而是想向大家提出一些问题，帮助你对自己的思想和感情做出更深层次的探究。

在信念阐述和说明段落之后，接着便是几条行动建议与一些问题。它们将带着你开始更深入地探索你个人的信念、观点和机遇，并最终帮助你做出决定。这将是一场你个人的发现之旅。

我很想鼓励你一口气读完这整本书，然后回到第一个信念，花上一周的时间专注在那几个问题和行动建议上，然后再去看下一个信念。如果你每天早晨只花费五分钟的时间来思考一个信念，那么到了周末，你就已经在自己身上投入了 35 分钟的时间，对你人生的一个特定的、重要的方面进行了有意义的思考。那时，你将会看到你自己在思想和行为上都发生了奇妙的转变。

在我们所面临的决定当中，有很多决定就像是多选题，存在着多种选择。有时候，我们要做的是从这些选择中分辨对与错，然后选择对的那个；但是大部分的情况是，并没有错误的答案，我们则需要从中选择一个最合适的。我给每一个决定匹配的拓展短文，都是经过精心设计的，目的就是辅助你开始这个探索的过程。接下来，你必须担负起你的责任，对自己做更为深入的探究，一直到可以触碰到你内心里的真实的感受、渴望与信念，你必须为你自己做这些决定！

在我们成长、事业昌盛并打造个人传承的过程中，将一个决定建立在另一个决定之上，这是我们每个人势必要经历的旅程。以你今天做出的决定为基础，你能创造出你所渴望的未来！

01. 心之所系，价值所在

你是否有过这样的经历——想不起来自己把一样东西放在哪里了，又非得找到它不可？离了这件东西，你的整个世界都好像被叫了暂停一样，卡在那里，过不下去。那种痛苦能把你淹没掉，如同遭遇灭顶之灾一般。直到把它找到了，你的世界才能继续运转下去。至于我，在寻找失物这件事上也变得有些偏执。我可能有好几天、好几周、甚至好几个月都没有用到过那样东西，但是当我需要用它的时候，就必须立刻找到它，拿到手，否则我绝不会善罢甘休。

我可能好几天没有戴过一块手表了，但是我得知道它现在放在什么地方，而且它正走得好好的，安全无虞。

我要确定当我需要这块表时，伸手就能拿到它。

通常情况下，不到需要某样东西的时候，我就意识不到它对于我而言是多么重要，多么宝贵。其实，生活中的大多数东西都是这样的。除非它们使我们得到了好处，否则它们的价值就不会被我们注意到。在我们的个人生活以及职业生涯当中，最重要的那些东西，其价值是无法用金钱来衡量的。“东西”可能会给人带来乐趣，拥有它们可能会让人感觉良好，佩戴它们可能会让人底气大增，把玩它们可能会让人开心快乐；但是，真正重要的东西几乎总是与关系相联系的；而关系则是指人与人之间的关系。

我们花时间做怎样的决定是对我们重要的，就能使我们的生命得到极大的强化。如果有什么人对你是重要的，那么就去告诉他们。让他们知道他们对于你意义是多么重大，让他们知道你怎样欣赏他们，让他们知道你有多看重他们在你生命中的存在，让他们知道他们对你有什么样的影响，让他们知道你的生活因为有了他们而变得多么美好。

对你来说是重要的东西，就是对你有价值的东西。人们常常会说某些东西很重要，却发现它们其实并不重要，只不过它们当时发出的声音最大，让我们以为它们就是重要的罢了。总之，你需要决定什么对于你真正重要，并放弃掉那些不重要的东西。

思考吧

什么事对你是真正重要的？

____

____

____

____

____

口说无凭，行动为证。对于你口里所说重要的事情，你会采取什么样的行动，符合你所说的重要程度？

____

____

____

____

____

____

02. 要有梦想

我的一位朋友，在一家领导力机构担任执行总裁。她一直想去环游世界，并能到处教授领导力的课程。有一天，她与自己的丈夫坐在家里面一起畅想未来，并把自己的这个心愿说给他听。

我的这位朋友有一位儿时的好友，她后来应征入伍，如今在美国空军随军牧师团服役，拥有一级军士长军衔。她的丈夫当时正在夏威夷驻防。这位闺蜜邀请他们全家在她丈夫结束夏威夷的驻防任务之前来夏威夷玩。我朋友怎么可能拒绝这样的好意呢？于是，他们夫妻加上儿子三个人一起做了一个决定：全家去夏威夷待上九天，过个“一生一次”的家庭假期。

等到他们一家结束那次夏威夷之旅，返回家中之后，她的这位朋友又打电话过来，邀请她随美国空军一起巡航泛太平洋地区，并在那期间向随军牧师团教授领导力课程。这次旅行将她带到了火奴鲁鲁、关岛、日本和韩国。就这样，我的朋友环游世界并教授领导力课程的心愿就这样达成了。

你的未来，首先是由你的梦想来构筑，之后才是由你的行为来构筑的，而不是反过来。你的未来会是怎样的，具有多种可能，会限制其可能性的，只有你的创造性思维。当我们认为一切皆有可能的时候，我们的未来的可能性就会发生剧烈的改变。可惜的是，很多时候，我们都将自己的梦想与抱负局限在了我们认为可能的范围之内。

你不是一定要知道成就你的未来的办法，就能够将它变成现实。你只需要看到你的未来，渴望得到它，并且致力于它，它就能变成现实。我总是发现，每次我开始追求什么东西，随着时间的流逝，“办法”就会自动现身。在促使我朝着未来奋力前行的过程中，单单是相信我必定会在一路上想出办法的这个信念，就已经非常强大了。

人生就是一个自我实现式的预言。敞开心扉，接受各种可能性，你就会形成一个个对于未来的信念。这些信念里充满了你渴望取得的种种成就，构成一个扩大了的信念。这个对于未来的、新的信念，将促使你为了达到你所创造出的那个未来，在今天就去做一切必要之事。

思考吧

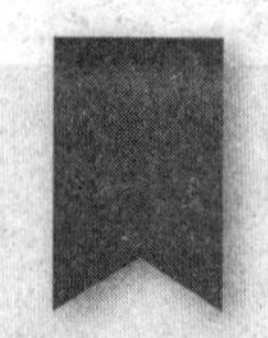

描述一下你的未来是什么样子的。

为了将你的这个对于未来的愿景变成现实，你必须开始采取哪些步骤？

03. 你的想法你做主

我和我的助手曾经给一家能源公司的 500 名督导人员做关于责任感之重要性的培训项目。就在开始培训的前一天晚上，我们两个人受邀与这家公司的领导班子成员共进晚餐。

晚餐差不多进行到一半的时候，大家的话题转到了第二天的培训内容上。这家公司的首席运营官对我说："萨姆，明天讲得简单点儿吧。给这些家伙们讲上一两点就够了。毕竟，他们可都没有大学文凭。"

我看得出来，我的助手对这位客户的话很反感，她是极尽隐忍之能才没有现场反驳这位客户。坦白地说，我和她的想法一样，都想开口驳斥一下那个人。但是，无论是时间还是场合都不允许我们那样做。到了第二天，我们奉上了一场高水平的讲座，和我们会对任何一家企业做的别无二致。而且，我们也没有降低难度。

问题不仅仅在于那位首席运营官的说法，更在于他的想法。他认为，自己手下的这些人没有大学文凭，他们的潜力就是有限的。这就决定了，这些人在他手下工作的时候，没有可能得到能发挥出他们最大潜力的机会，不可能有大的成就。

我的父亲就没有读过大学，没有大学文凭。但是，在我认识的所有人当中，他是最聪明的人之一。父亲的志向是当一个天体物理学家，可是他负担不起读大学的费用。最终，他和我的母亲一起创办了一家企业，并且经营得很成功。他有能力把自己的三个孩子都送去读大学，甚至读研究生，继续深造。但是，他自己从来没有拿到大学文凭。

你对人们的看法，影响你对他们的行动，而你的行动将影响你能得到的结果。如果你在头脑里给别人设下了限制，那么你就会在你的行动上限制他们所能获得的机会和发展的可能性。与此相反，积极的思维则将产生积极的结果。

无论在哪一个既定的情境当中，你都得选择你的想法、观点。在交通灯变绿的一刹那，排在你前面的那辆车没有立刻启动，你得选择你的想法。你遇到了一些人，他们的身上或有纹身或有穿孔，或者他们的穿着打扮与你不同，又或者他们的看法与你不同，这时候，你得选择你的想法，选择如何看待这些与你不同的人。首先，你选择你的想法，然后，你的这些想法驱动你会怎么做、怎么回应，并最终决定了你会走上什么道路。

你，只有你，能掌控你自己的想法。要把察觉并关注你的想法作为你个人的一个优先因素，积极地注意你在想些什么。要拿出时间来把你的思想集中在那些重要的、要紧的事情上。同样的，你还应该拿出时间来思考你的这些想法，你在想些什么。

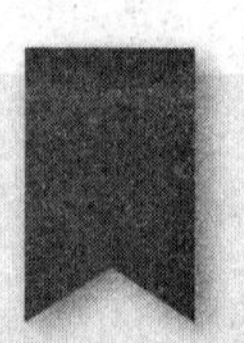

思考吧

你是主动参与进你的思维生活当中，还是任由你的思绪飘忽不定，随意驰骋？

___

___

___

你花时间关注你在想些什么吗？

___

___

___

选择你生活的一个重要方面，专注地好好思考一下。

___

___

___

___

04. 平衡的智慧

很多时候，我们一提到“平衡”，心里想的是有能力处理好工作和家庭生活，同时照顾到家人和朋友，还能同时协调好运动和饮食。我们想的是，要达到某种平衡，能使我们在努力工作、花恰当的时间与他人相处以及保持身体健康的状态上处在一个最佳的水平上。

生活中的这些要素是重要的，不过我想跟你们提出的是，我们需要达到的最重要的平衡是心灵上的平衡。心灵平衡是什么意思呢？心灵平衡意味着你会花费时间用智慧、知识和真理来喂养你的心灵，用核心信条和原则来强化你的心灵。这些核心信条构成了你所有的信念的基础。

最近，我花了四天的时间参加了一次退修会。在这次退修会上，我们不能使用任何电子产品，不接打电话，不看手机短信，不收发电子邮件，不看电视节目，也不看报纸。并且，每天晚上九点到第二天凌晨一点半，我们要完全保持静默。那是一段有着强大力量的时间，让我可以在没有任何外界干扰的环境中，聆听到我内心的声音。

每次我搬家，到一个新地方，看到房间里面空空荡荡的壁橱，我都会想，那些空间还能这样空置多久呢？用不了多久，我们就会把家里面所有能用得上的空间都填满，还会把家弄得凌乱不堪。同样的事情，也能在我们人类的内心里面和头脑当中发生。

当我们积极努力地把头脑当中和内心里面的这些凌乱清除干净，创造出空间来容纳即将要发生的新鲜事，我们就获得了机会，可以用有意义的事情来填充我们创造出来的这些空间。

那次退修会结束，离开的时候，我更深刻地明白和理解自己今生的目的和使命。那段时间我不仅锻炼了身体，也滋养了自己的精神。

你会平衡你生活中的身体和精神这两个层面吗？你在照顾身体的同时，也喂养和滋润你的精神层面吗？身体和精神这两个方面的平衡，会让我们取得成就，获得满足，并经历个人的成长。平衡来自于你的信念，并且总是起始于对自己的信念的认知。

思考吧

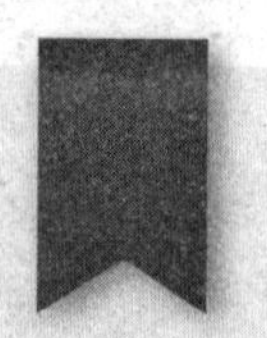

为了使你的精神层面不会因为失衡而蒙受亏损，你能做些什么？

05. 选择美德

作为一名作家，我喜欢从 1828 年版《韦氏词典》里面查找单词的定义。我常常为一个单词的原意以及它的定义在岁月中是如何演化的而感到惊奇赞叹。

在这版《韦氏词典》中，“美德”这个词被定义为：除了自愿顺服于真理之外，美德再无其他定义。[①] 在我们生活的时代，人们试图决定真理的组成结构。我仍然相信世上有对错之分，有真理与谎言之别，有美德也有正义。不成文的道德准则规定：真正的成功与幸福并不来自于动机不纯洁的思想和行为。邪情私欲和暗昧之行不会给

① 韦氏词典（1828），在“virtue”词条下，http://webstersdictionary1828.com/Dictionary/virtue.

人带来真正的幸福与成功。

当我们有好的想法，就会产生出好的东西。我们的各种关系，包括工作关系和私人关系，都会变得更好。努力过积极向上、道德高尚的生活，这是一种选择。

作为人类，我们拥有选择的能力，这是一种恩赐。我们的的确确有责任为我们的生活做出许许多多的选择，并且不仅是在我们的物质生活层面做选择，也要在智力、情感和精神层面做选择。我们都得选择自己要思想写什么，都得引导我们的思想的方向，都得选择要如何思想。

借着在态度上和行为上的善意，你会成长为一个独立的人，你的个人能力也将获得提升。道德高尚的生活会产生出庞大的力量与能力。你所展现出来的美德，将会使你像一块磁石般富有吸引力，不断吸引着他人来亲近你！

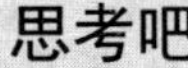

思考吧

你怎样更好地过道德高尚的生活？请在接下来的七天里，写下你所能采取的步骤。

06. 尊重他人

有一句谚语：多样性是生活的调剂品。我相信丰富多彩的生活确实能给我们的人生增添情趣。我更相信，我们用这个谚语的说法来描述自己周围的人，不仅正确，还极其重要。

人类是具有习惯性的。我们总是与我们一样的人待在一起，还不允许自己去认识那些与我们有着不同的民族、种族和社会经济地位的人；而认识不同的人，本来是一种幸事。

我因花时间去认识别人而学会了尊重别人。我曾经努力地去认识与我看起来不同的人，认识居住在其他地方和其他国家的人，或者认识在我社交圈子以外的人。

人性之丰富是奇妙而惊人的。只要我们肯于花费时间并付出努力，就有机会去领略到人性的丰富。

你大可花些时间去结识某个与你并不相像的人。在你们相识的过程当中，你将有所习得，有所收获。你可能会发现你能够为对方带去价值；也可能会发现对方能给你的人生加添价值，能支持你，并成为你的亲密朋友。你可能会发现你们之间有很多共同之处，而其中的一个共同点，可能就是彼此尊重。

陌生可能是一件可怕的事情。我记得一个女人的故事。她乘坐大韩航空的航班，从韩国首尔返回夏威夷。在那架航班上，她的座位和一对夫妻的座位挨着。那对夫妻带着一个大约有 18 个月大的婴儿。他们俩不会说英语，她也不会说韩语。但是，在航程快结束的时候，她已经在抱着他们的小宝宝了。分别的时候，他们都没有说话，只有一个温暖的拥抱，却是那么温馨，一切尽在不言中。我们所共有的，正是我们的人性。

你尊重别人，就是在尊重你自己。对他人的尊重会被解读为给他人以力量。因为，对他人的尊重，乃是对他人的一种至高的称赞；获得这种称赞的人，就获得了力量。得到力量的人，能够成就非凡。

思考吧

你如何尊重一个你不喜欢的人？

07. 尊重自己

尊重是一种很难被定义的品质。人人都想获得尊重，但是有时候很难被别人尊重。我曾经有幸见证了两个人在一个出乎意料的场合互相交换尊重的过程，整个过程很美好。

在参观一座州立监狱的时候，陪同我的监狱长注意到，有一个囚犯没有好好刮胡子。显然这个囚犯已经因为不好好刮胡子的事被警告过一次了。当着我和我助手的面，监狱长带着极大的尊重，纠正了这个囚犯的问题。整个过程中，他们双方的态度都没有一点贬低对方的意思，只有完全的尊重。

当时在现场的我们都看得清楚，监狱长营造出了一个环境，让大家知道尊重自己是很重要的。尊重自己的仪表，尊重自己的言语，尊重自己对待人的方式，这些都很重要。监狱长向那个囚犯表示了尊重，那个囚犯也向监狱长表示了尊重，就这样，一个相互尊重的环境就被建立起来了。正是在这样的环境中，这个囚犯才能发觉到别人对他的尊重。

对于那个囚犯来说，这可能是第一次有人带着尊重对他说话，也可能是他第一次感受到自己受到了别人的尊重。他体会到的自尊，可能会对他未来做的决定造成深远的影响。

那位监狱长有一个尊重人的标准，她选择在自己的生活中活出这个标准。不仅如此，她还以身作则，在监狱里的每一个工作人员面前，也在被关押在监狱里的囚犯们面前，树立了尊重人的榜样。监狱长的立场非常坚定，她以自己的行为教导许多人，让他们也像她这样，把对人的体现出来。

尊重你自己，意味着培养、保护你的精神和身体，使你的精神和身体都有力量。尊重你自己，你就能更好地尊重他人。你必须相信，你是重要的，是举足轻重的。你有价值，因为你是一个人，况且，你的价值与一位公主或者一位王子被赋予的价值一般无二，不多不少。

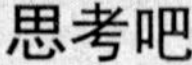

思考吧

你怎样为自己提供人生成长和事业兴盛所必需的营养?

08. 正确看待人生问题

你是否曾经认为，每一样事物都有其目的？学会带着目的和意图来生活，我们就会有开阔的眼界，帮助我们更好地掌控生活中的挑战和机遇。当我们知道了我们的目标是什么，生活中的各种事情就不会成为一种干扰。当我们知道了我们为什么做事情，在挑战面前我们就能更好地坚持既定方向，朝着目标前进。

要想了解自己的目的，要求你更多思考，要求你要注意你头脑中闪过的是什么念头。你的决定是在有目的的基础上做出来的，是带着目的性的，也是为了一个目的而做的。

你是否有过这样的经历——曾经开车去某个地方，

等你到达目的地的时候，你甚至记不起来自己是怎么到那里的。你不记得路上有没有经过交通灯，不记得中间有没有停过车，也不记得你走的是哪条路？我们的生活也会发生这样的情况。我们或在家里或在班上把事情都做完了，然后日子就这么一天天地过去了。在我的生活中，有好几次，我醒来，发现自己不过是在重复着一样的动作——起床，上班，工作，下班，回家，然后上床睡觉。

放慢速度，花时间思考一下我们的人生，思考一下我们想经历些什么，想成就些什么，我们想变成谁，这是非常重要的事。在工作上我们也应该这样做，好好思考我们在职业上想成为什么样子，我们想怎样影响我们工作的这家机构。这么做，是要花时间发现你自己的天赋在哪里，花时间明白你的目的是什么。然后，你才能给为你所做的每一件事带来意义。

当我们花时间使自己变得有目的性，接下来的事件就开始带着目的发生。但我们也必须懂得，有一些事情是我们没法影响的。这类事情不是因为我们而发生，却会影响到我们。一旦我们接受这些我们无法改变却能影响我们的事情发生，甚至欢迎它们的发生，那么，我们怎么对生活中所能够控制的那些事情来做决定，就能够用相同的方法来对这些事情做决定了。

一旦我们带着目的生活，我们生活中的事件就会变得有条不紊。我们就能更好地理解一个事件与另一个事件之间的联系，也能更好地处理生活中的各种事务了，尽管这些事务当中的大部分是超出我们掌控的。

你能保持清醒的头脑吗？你是单单从情感出发来做决定，还是也有理性思考参与其中？你生活中的小事情会妨碍到重要的事情吗？很多时候，正确看待人生问题，意味着有能力走出你自己的处境，冷静地回过头来看你的处境。对于一个跟你处在类似境遇的人，你会给出什么建议呢？这个客观的建议对你自己有意义吗？

思考吧

你发现你在什么情况下会任由生活中的事件来影响自己做决定？

09. 谦卑地生活

谦卑地生活能成为一个领袖的最大财富，因为这意味着他花费大部分时间想着别人的事情。对于一个领袖来说，心系他人是至关重要的，因为对他人的成功和安全负责是领袖的首要责任。

2008年，我非常荣幸地成为美国演讲家协会的主席。身为协会主席，我要带领国内3600位会员，同时还是国际范围内5000多位职业演讲家眼中的领袖，这个责任实在重大。要不是有数不清的人在支持我，帮助我履行职责，我是不可能做好协会主席这个工作的。

作为协会主席，我的每一个决定都要以会员和协会的利益最大化为出发点。我要做到这一点，就要时时刻刻在头脑中想着会员们。领袖是一种责任，若不是有一群伟大的人与我结成一个团队，一起工作，我不可能成功地完成那一年的主席工作。作为协会主席取得成功的关键在于，我懂得是我的团队使我成功，而不是我使团队成功。

你若是相信你的成功在于你自己，就会贬低你的团队成员参与的价值，降低他们对你的重要性，进而腐蚀你和团队成员之间的关系。你若是把围绕在你周围的团队成员看作是你成功的重要因素，你回应他们的方式就会有所不同，对他们的奖励也会有所不同。你会想以不同的方式去帮助他们、服务他们。最终，你和他们之间拥有的关系会和之前不同，而你们所有人也会更快成功。

要想获得成长和取得成功，重点是要将你的注意力放在你的愿景和目标上。你若是一味地追求出人头地，你就会使用错误的方法，以他人为代价来抬高你自己。谦卑地生活，是在抬高他人。帮助别人获得成功，是对谦卑之人的最大奖赏。

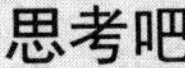

思考吧

你的自负是怎样逐渐影响你所使用的言语和你所采取的行动？

你该怎样在人际关系中不再自负，让自己变得谦卑？

10. 要勇敢

最近，我参观了一家州立监狱。之后，我想了很多。这些囚犯为什么会在这里？他们以前做了什么事？难道他们没有脑子、不知好歹吗？这种事绝对不会发生在我身上，对吧？我们很容易对别人做出推断，对他们的处境和选择做出假设。然而，既没有掌握全部的事实，又未曾处于他们的境况，亦不了解他们曾经面对的是什么，我们根本不可能懂得他们为什么会做出那样的决定。

我进入这座监狱，不是以一名囚犯的身份，而是以一个访客的身份。监狱长邀请我来参观这座监狱设施。通过安检，走进第一道闭锁的牢门时，我的精神高度紧张，不确定会发生些什么。但是当我进入一个监狱分区，听到牢门在我身后关上的时候，一切都变得非常真实起来。

当时向我开放的这个监狱分区是一个有信仰基础的分区，犯人可以自己选择性住进这个分区。监区里面摆放着一排排上下铺。有一道齐腰高的墙将生活区与淋浴区、厕所、洗碗槽分隔开来。墙壁上挂着一台小电视，目测大概有 19 英寸吧。这里总共住着 48 个犯人。在一个相对狭小的空间里，住着这么多人，让人感觉压抑和受限。

监狱长问有没有人愿意给我介绍一下这座监狱和这个分区，讲一下在这里的生活是什么样子的。一个叫沙恩的囚犯走上前来，自告奋勇跟我们分享。沙恩说，他结婚 18 年，只是现在离婚了。他以前拥有一家大型的货车运输公司，雇员的人数一度达到 450 人。但是他做了一个不好的决定，结果他锒铛入狱。

沙恩还分享说，他觉得入狱并在这个监区服刑是一个改变的机会，一个变好的机会。他情绪激动地表达自己对于入狱的感恩，对于他的经历的感恩。他说他正在寻求自己的信仰，思考自己未来怎样生活以及自己的信念是什么，思路也变得越来越清晰。我没有想到沙恩会分享得如此感性。当他对我说话时，我看到了他眼中的真诚，感受到了他分享的情感，瞬间感到自己与他相通。那是一个有力量的时刻。

沙恩做了一个勇敢的领袖。他站出来讲话。领袖的第一个特质就是挺身而出。沙恩做到了，而且做得很棒。沙恩很勇敢，开诚布公。他很敞开地分享自己的过去、自己的错误和自己的信念。他为自己的行为负责。他寻求变得更好。他表达了自己的悔意，表达了自己的懊悔，表达了对有机会加入这个基于信仰的监区计划的感激之情。所有这一切都发生在五分钟之内。

我们常常认为，只有“某类”人才会进监狱，还将囚犯们以种族或者社会经济地位进行分类。然而，这个口才不错的男人打破了很多人对于囚犯的预期。

沙恩教会我很多东西，而这是领袖们才会做的事。领袖们总是在教导别人。他们不必以教导为目的才开始教导，因为他们总是在教导——每次你跟他们在一起时都是这样。沙恩教会我，要勇敢地站出来承认自己的错误，而不躲避在虚假的借口后面。这样做需要勇气，这勇气会激励我们作为一个人、作为一个领袖继续前行。人们想要追随勇敢的领袖。

沙恩证明了，领袖不是一个职位。在任何一张组织结构图里，囚犯都不直接与领袖相挂钩。我曾对监狱里的囚犯的类型怀有误解，也抱有先入为主的成见。然而我错了。人们会犯错误。我们都会犯错误。

对人的什么假设会使你畏缩不前？你会激励鼓舞你身边的人吗？你是一位勇敢的领袖吗？

很多时候，我们任由自己的恐惧妨碍我们勇敢行事。当我们把关注点放在可能会出错、但很可能不会出错的事情时，恐惧就会使我们勇敢不起来。相反，我们需要把关注点放在我们的个人天赋是什么，我们前面有什么可能性上，放在我们真正被装备去创造的强大而积极的生活上。

对于失败的恐惧，和对于未知的恐惧，成为很多人走向成功的拦路虎。被恐惧吓坏了不敢行动的人们，不会去做要成就他们的追求所必须做的事。如果你让恐惧对你的行动产生负面的影响，那么你就是让自己由于消极不作为而失败。你有能力控制自己的恐惧吗？还是恐惧控制着你？你会让什么东西拦阻你去实现自己的追求和抱负吗？

思考吧

什么恐惧可能使你退缩不前？

你要怎样克服这些恐惧？

你可以做些什么，使自己更加勇敢？

11. 要做想做之事，先做该做之事

我们不喜欢牺牲这个词，也不希望这个词应用在自己生活中。但是，任何值得拥有的东西，都要付出代价。很多时候，我们看到了想要拥有的东西，却不愿付出相应的代价。除非我们愿意付出代价，否则我们不大可能拥有自己所渴求的东西。

我在高中的时候是一名越野跑选手。我和所有其他团队成员一样，都梦想着能参加波士顿马拉松赛。在脱离竞赛性跑步很多年以后，我重拾起跑步这个爱好，开始训练，终于获得了参加波士顿马拉松赛跑的资格。

为了获得参加马拉松的资格，我付出了时间，进行了严格的训练，也承受了身体上的痛苦。为了使自己处

于良好的状态，跑得足够快，时间足够长，可以达标，然后参加比赛，大多数的早晨，我5点半就起床；一周要跑上70英里，并严密注意我的饮食。我在前期付出的这些代价，在我参加波士顿马拉松赛这个盛大赛事的时候，得到了回报，我获得了奖赏和满足。

在准备参赛的过程中，我选择不再熬夜，以便可以早起；我选择放弃一些爱吃的食物，以便尽可能地保持健康。我还选择放弃一些星期六的社交活动，以便我能进行20~24英里跑，而这种跑步是使我能够应付会让人极度疲劳的马拉松的强度所必须做的训练。为了能去做我真正想做的事——参加波士顿马拉松赛跑，我做了一切必须做的事！

不要害怕牺牲掉即时的满足感。在我们生活的这个世界，如果我们想要什么东西，必须立刻就得到它。我们会为了拥有负担不起的东西而负债，因为不想花时间做饭就花钱吃快餐。当我们一直做这些选择时，它们都会产生长期的后果。

思考一下，你想要做出什么成就，你想要成为怎样的人，你喜欢过什么样的生活，然后扪心自问："为了明天能够拥有这样的生活，今天我必须专心去做的是什么呢？"我并不是说，你得放弃生活中所有让你享受的事，我是说：你今天付出的代价，在你成就梦想之后，很可能你会觉得，你曾经付出的代价其实很小。

成功绝非一蹴而就。那些看起来只花了很短时间就取得的成功，通常都是由累月甚至经年的忘我工作积累起来才最终实现的。不要追求即时的满足感。流泪撒种，必欢呼收割。要知道，如果你努力做该做的事，你终将会收获奖赏，到达你想要达到的境地。

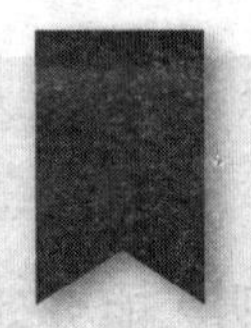

思考吧

为了实现你的梦想，你现在需要做些什么？

12. 肯于做艰难的决定

知道自己相信什么，看重什么，是我们能为自己做的最重要的事情之一。

仅仅因为你说你相信什么，并不能使它变成现实。如果你的行动和你的信念不相符，就说明它其实并不是你的信念。拥有一套清晰的、不可妥协的价值体系是至关重要的。这套价值体系，要能够唤醒你内心里面独一无二的、真正的个人力量。这套不可妥协的价值体系会形成与你口中所宣告的信念相符合的行动。

我们若知道自己生活中哪些是不可妥协的，我们就知道我们的力量与控制力在哪里。建立起有力量的、正面的价值观的人，并不是完美的人，但是他们的生活会显得井然有序，也很有吸引力，他们的人生也更有规划、更有目的。

我们知道自己相信什么，就能做出艰难的决定。当我们花时间思考，说出在我们生活中什么是不可妥协的，那么，我们就没有被环境所牵引着做决定，而是按照目标做决定。

正直是我的价值观之一。我将“正直”定义为：“我言出必行，基于行义便是义行的信念来做决定。无论如何，我必遵守。”和大家一样，我发现自己常常要面对这样的情况——我必须做出一个决定，决定要怎么行动，要做什么。可能我告诉一位朋友我要做什么事，或者我打定主意要帮助某个人做一个项目。然后出现了一个非常令人振奋的机会，在时间上与我所承诺要做的事发生冲突。但是我知道，“我言出必行”，已经做出的承诺对我来说是无论如何也要兑现的，那么，我就会遵守原先的约定，而不会改变心意。决定已定！

清楚地知道你的价值观，并且不断地将这些价值观融入你的所有决定当中，这对你来说是非常重要的。一以贯之地活出你的价值观，将帮助你做容易做的决定，更重要的是，它能帮助你做出那些艰难的决定。

有些决定是很难的。你能做一个艰难的决定吗？很多时候，对别人最有益处的决定，对你自己可能并不是最有好处的。在这种情况下，你能做正确的事吗，哪怕结果对你自己来说不是最好的？有一些决定，对我们个人来说是不舒服的，但是我们仍然需要做出这样的决定。

思考吧

你在哪些方面做决定的时候会有困难?

13. 追求卓越

在我的每个培训项目结束之后，我和助手都会花时间一起问一个问题：“我们怎样能把它做得更好？”不管听众对我的课程反应如何，我们始终追求卓越。

有意思的部分是，不管我们问这个问题问了多长时间，我们总能找到改进课程的主意或方法。有时候，这个新点子经过尝试后发现行不通，于是我们又回到我原先的做法。有时候，我们只是做出一些小的调整，却对整个项目都有帮助。我们不断地问这个问题，不停地寻求改进提高的方法。

卓越是一个过程。它是一种思维定式，是一种思想方式，是摆在你面前的一个持续的目标。卓越与完美无关。完美是一个我们永远无法达到的目标。追求完美的人们总是在等待开始一个项目或者做一件事的那个最完美的时机，最后却会发现，他们永远达不到目的，徒留沮丧。我们常常能够看到追求完美的人表现得不如追求卓越的人，这样的事并不少见。

不过，请不要将追求卓越错误地解读为对于你所拥有的永不满足。我始终因我已取得的成就而满怀感恩之情。

追求卓越的人们总是想要获得更好的结果。对于他们来说，卓越是一种生活方式，一种激励他们有最佳表现的生活方式。当他们达到了任何一个设立在他们面前的目标，他们接下来要做的事情很简单，就是设立另一个目标。

当我们追求卓越的时候，我们就已经做出了一个清醒的决定，要对我们所做的事情始终不断完善。变得更好，不仅影响我们的生活，也会影响我们周围的每一个人的生活。当你追求卓越时，你就设立了一个典范，激励其他人也想要追求卓越。

卓越是一种思维方式，而不是一种行为方式。当你追求卓越的时候，你是不会愿意满足于仅仅把工作做完的；你想要以一定的质量水平完成你的任务，而不是仅仅可以被接受的程度。

你具有的哪些信念会妨碍你在所做的任何事情上表现卓越？

14. 一心求知

我们总是惯常以人生阶段来看待教育。我们受到的教育是这样的：你至少要读完高中，然后，如果你负担得起，就继续深造，去读大学，甚至可能去读研究生。但是，在今天的社会上，通过互联网、图书馆、公共广播电视网以及业已出版的数以百万计的图书，知识对于我们是唾手可得的。通过这些渠道，我们无论想要学习什么，都能够学到手。

不管是要建造什么东西，修理什么东西，烘焙什么东西，还是做什么东西，只要你说得出来，YouTube 里面都有相应的视频来教我们。我们能够学习的东西无穷无尽。

我一直是一个追求知识的人。我一直想要学习更多我感兴趣的领域里的知识，例如有关我的职业、兴趣爱好和相关心理学的知识。当我拥有了一家门窗制造公司的时候，有关这个行业里的知识，我都尽力学习。

最近，我对于知识的渴求有了一个新的方向。更准确地说，那是一条精神之路。在这条道路上，我也逐渐发现我对于这个领域的知识的寻求变得更加有意义。我透彻地懂得了我真正相信和珍视的是什么，更深刻地明白了我的价值观和信念的追求，因此，我的人际关系、我的生意和我的个人生活都得到了极大的丰富。

当你追求知识的时候，你是在对你自己进行投资。教育能打开一扇扇新的大门。你在深化自己所受的教育的同时，也扩大了你的可能性的范畴。教育不一定非得以传统的方式来进行，也不一定必须以正式的方式来进行；它可以是精神上的，可以来自于你选择看的书籍，也可以来自于自己身边的那些人。

思考吧

你对于持续的个人学习和发展有什么计划？

15. 关注并满足他人的需要

我和妻子有幸养育了四个很棒的孩子。他们如今都已长大成人，各自都取得了成功，并且相继结婚生子。所以每年我们要举办好多次生日会，以后还会有更多的生日会。庆祝生日，是关注并满足他人需求的一个绝佳方式。

我的妻子总是会把每个人的生日办得很特别。她让我们每个人都感觉到那一天就好像是专门为我们而存在的一般。在生日的前一天晚上，我妻子总是会跟我们的孩子们坐在一起，问他们刚刚过去的这一年里他们认为最好的事情是什么？等大家都分享完了自己的重头戏，她就会问他们对未来一年有什么憧憬和期待。她会保证整个生日会的庆祝过程都围绕着一个焦点进行，这个焦点就是当天的寿星，并帮助寿星为自己所拥有的一切而感恩。

我从来没有想到过，庆祝生日会是一个人的一种基本需求。我以前总是认为生日会就应该办得简简单单的，直到我和妻子参与了一次给受过虐待的孩子们过生日的服务活动。这次亲身经历改变了我的想法。这些孩子都是因为在家庭里受到过某种形式的虐待而被政府接收的。他们当中的很多孩子从来没有过过一个生日会。从来没有人关注过他们，也从来没有人满足过他们的需要。

看着这些孩子们为了生日礼物向那些完全陌生的人道谢，很能让人变得谦卑下来。看着这些孩子们因为得到了愿望清单上的礼物而眼睛发亮，脸蛋儿发光，我永远也不想遗忘这样的场景。你可以看出来，其中的一些孩子，从来没有因为被好好对待而感受到自己是特殊的，而且他们的需要在家里面总是被排在后面。

关注他人的需要，并谋求他们的成功，是你能给他们的一份礼物。你对他们人生的影响是重大的，而在未来，他们对他们身边的人，也会产生巨大的影响。

你身边之人的成功，对你而言有多么重要？你会花时间帮助他人取得成功吗？帮助他人，本身就是一种奖励。帮助他人的结果就是，最后，你会发现，你帮助他们成功地实现了他们的目标，反过来，他们可能也有了意愿来帮助你实现你的目标。

思考吧

关注他人的需要，这意味着什么？

你能怎么样更好地满足你生活中的人们的需要？

16. 平等待人

我的助手要定期和很多的人进行互动。这些人形形色色，差别会很大。有退休的老年人，有身处寄养系统里的孩子们，有戒毒的妇女，有富人，有穷人，有各种肤色的人。无论是什么样的人，她都称他们为朋友。看着她跟所有这些朋友互动，看着她用一模一样的方式——就是爱、尊重和看待荣誉的方式——跟他们说话，与他们相处，会给人带来巨大的冲击，那种力量强大到令人难以置信。

我曾有幸见过她的几位朋友，还被其中的一位年轻人深深地打动。如果是几年前，我可能根本不会注意到他，或者没有时间去理会他。他的人生经历不是隐而未现的，而是全都写在他的身上，用纹身记录下来，遍布他的全身。在我的人生中，曾有那么一段时间，我会把他看作不值得我花费时间和精力的人。

这个年轻人跟我讲了一个感人的故事。他讲了他遭遇过的各种挑战和他怎样克服这些挑战。了解他的经历，教会我一件事：所有人都有共同之处。我们都面临着挑战，虽然这些挑战可能会各不相同。仅仅因为某个人外表看起来不同，并不意味着他们不如我们或者强于我们。

认识这个年轻人改变了我，让我对那些看起来与我不同的人、与我来自不同的社会经济背景的人、与我有不同信念的人，不再漠不关心。我怎么看待其他人，怎么向他们敞开心扉，都被永远地改变了。这个年轻人很聪明，富有创业精神。就像我们所有人一样，他也想要成为大人物，想要获得成功。他的优点，不由他的外表决定，也不由我可能对他下的不公平的论断来决定。

人们之所以会失败，一个主要原因是他们事先就判断一个人能不能做一件事。一个人的衣着、相貌或住所，真的会透露出关于他们的重要的事情吗？性别、种族、宗教信仰，真的会让一个人做某个具体工作的能力有所不同吗？

你怎么对待人们？如果你是个少数民族，你希望自己被怎么对待？你的行为和言语需要与你对于平等的信念相一致。不要因为对结果的预判而错过机遇，要给人们一个产生正面效果的平等的机会。

思考吧

你的心里面有什么东西会导致你不平等地对待人们？

17. 相信自己

我曾有幸面向很多不同的群体做演讲。其中，最令我感动的是一群正在戒毒的女人。这些勇敢的女人让我见识到什么叫作“相信你自己”。

为了保持不吸毒的状态，她们必须采取的一个步骤是，在毒瘾早已剥夺了她们的家人、她们的自尊和她们的自我价值感之后，学习怎样再一次相信自己。这些女人们参加的戒毒计划非常成功。这个戒毒计划的设计目标是重建她们的自我形象和自尊，让她们懂得，作为一个人，她们是有真正的价值的。自信是我们都需要的一个品质，亦即在她们的戒毒过程中起最大作用的因素。

当你周围的所有人都放弃了你的时候，你需要有力量，才能有自信。这些女人每天都要与毒瘾这个恶魔做斗争，而她们最大的财富、最大的武器之一，就是相信自己，相信自己能够保持清醒而不复吸。

我们都面临着失败、不确定性和软弱的挑战。我们都有需要面对某个处境并做出决定的时候。别人能信任你，这是好事；而自己相信自己，对你则是更重要的。相信自己，这个内在的力量，有着引导你的力量，帮助你成功走过最艰难的境况。相信自己，能使你即使在不知道结果的情况下，也能继续向前，稳步向前，并且坚持不懈。

你的自尊心会限制或强化你成功地经过所面临的挑战的能力，不管这个挑战是什么。如果你把自己看作一个失败者，你就不可能成为一个赢家。如果你有一个良好的、健康的自我形象，你就会有更强大的意志和能力来取得成功。有着良好自我形象的人们，懂得他们的最佳自我与真实自我之间的关系，并且始终努力发挥出更大的潜能。

思考吧

你怎么看待你自己?

你能做些什么来加强你的自尊心?

如果你更为自尊自信，你能取得什么成就?

18. 知你所信

我曾经去纽约做一个新讲座，内容是关于知道你所相信的是什么，你所看重的是什么。在举行讲座的前一天晚上，我受邀与那个机构的一些领导共进晚餐。晚饭过后，我们就第二天我要做的讲座内容进行了一场开放式的讨论。讨论进行得很顺利，我感觉大家快要就讲座主题的含义达成一个共识了。

在讨论当中，有一位绅士一直聆听我们的谈话。他问我说："萨姆，如果你不知道自己的信念是什么，你要怎么做？"这个问题，令我当时感到难以回答。

我不知道该说些什么，只能支支吾吾地应付了过去。我没能对他的问题给出一个真正站得住脚的回答，就离开了那里。事情过后，我花了好几个月时间思考他的问题。这件事对我产生了深远的影响。我必须有一个答案，这很重要。

今天，我会请他想一想在他的生活中他所看重并且不肯妥协让步的东西是什么。我会问他："你的基本价值观、关系价值观、职业价值观以及社会价值观都是什么？在你的生活中，什么东西是不可妥协、没得商量的？"

当你知道你所信的是什么，你的行为就会符合你的言语。很多时候，光是动动嘴皮子说什么是对的，很容易。你的行动和你的话语一致吗？你是言行一致，还是说一套，做一套？你对别人的期待比你对自己的期待更多吗？

当你的行为与你的话语一致，你就获得了信誉。人们就会相信你说的话，也更有可能在你追求你的目标时伸出援手来帮助你。你会发现，当你做的事情符合你说出的话，你的生产力将会获得极大的提高，你能取得的成就也更大。

思考吧

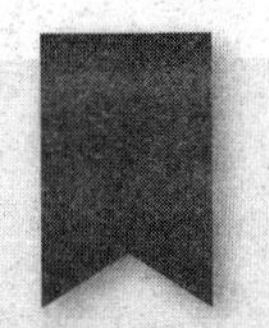

在你的生活中，什么时候你的行为与你的信念会不一致？

19. 慎重地选择你的生活标准

我们常常会发现自己处在自我价值观受到挑战的境况之中。这种挑战，有时候是经济上的，有时候是人际关系上的，有时候是健康问题，有时候是感情问题或情绪问题。这还不算，有的时候，所有这些问题会同时出现！

在上面的任何一种情况下，我们的信念决定了当我们遇到挑战时，我们会做出什么反应。我们会按照我们所知道的去做，我们会依赖我们所相信的，我们会在我们选择作为生活标准的东西里来寻找答案。

在2014年上映的电影《宙斯之子：赫拉克勒斯》里面，男主角赫拉克勒斯由道恩·强森扮演。当柯提斯国王的军队被敌人瑞索斯领主覆灭之后，赫拉克勒斯和他的同伴们接受了一项使命，要将一群农夫和商贩训练成战士。赫拉克勒斯和他的同伴们对这群并不适合当战士的人展开训练，教他们怎么使用“盾墙”在战斗中保护柯提斯国王。

盾墙是一种战阵，它要求战士把下盘扎稳，将盾牌互相贴靠在一起，稳稳立定，在柯提斯国王周围筑起一圈人体堡垒。赫拉克勒斯告诉他手下这些接受训练的士兵：“盾墙的阵型绝不可以被打破。记住这句话，你们就能尝到胜利的滋味。”

于是，这句话就成了士兵们的标准，成了他们的信念，成了他们作决定的基础。最终，他们坚守住了这个标准，即使在最危急的关头也持守住了——这是关键——并取得了战斗的胜利。他们选择相信盾墙。他们奋不顾身地搭建盾墙，不惜一切代价地保持住阵型。这就是他们的标准。

你以自己已经选择好的标准来作为衡量你的决定、你的成果和你的价值观的基础。人们会因为你是谁、你的立场是什么，而想要与你打交道。人们会自然而然地被那些与他们有着相似价值观的人吸引。

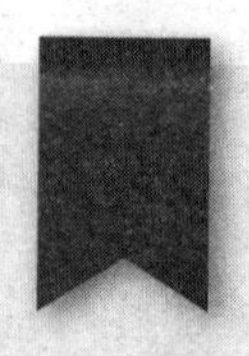

思考吧

你的生活标准是什么？

在你的生活中，你的标准是怎样展现出来的？

20. 要慷慨

慷慨的人活出了一种精神层面的富足。他们在三样事上的丰富，构成了他们的慷慨：他们付出他们的时间、才华和财富。他们寻找机会付出他们的时间和才华，付出对他们而言重要的东西，并且大方地付出而不求回报。

给你青睐的慈善机构捐款，或者去流浪者收容中心做志愿者，这些事情都很好。但是，慷慨不仅仅是做这些事而已。慷慨的人早已超越了偶尔为之的做志愿者和慈善捐款这种境界，他们在奉献出自己的时间、才华和财富上变得不能控制自己。他们就是无法不慷慨，情不自禁地要慷慨。

如果你曾经遇到过真正慷慨的人，在分别的时候，你会自然而然地知道，你已经获得了某种有价值的东西。慷慨的人会活出丰盛的生命，因为这是他们的思考方式；他们相信他们所拥有的绰绰有余。真正慷慨的人知道，重要的不是你得到什么，而是你给予什么。

奉献能够增强你对自己的信念的信心。奉献是对你的心灵、你的幸福以及对他人进行投资。奉献总是带来回报。

你可能也像我一样，认识这样一些人，不管他们拥有的多么少，他们总是能因为一个好理由而捐资，或者为某个更有需要的人捐款。同时你也认识另外一些人，不管他们多么蒙福，多么富有，总是挣扎着不肯将自己所拥有的给出去。奉献是一种思维方式，也是一种存在方式。

你总是想从别人那里获得什么东西吗？你首先想的是付出，还是获取？你所获取的不会超过你所给予他人的，这是一条不成文的法则。一个成功的社会乃是建立在为他人做出奉献的人们之上的。你可能不会从接受你的捐助的那些人身上获得回报，但是，回报总会以某种方式来到。你付出的越多，你收获的也越多。帮助他人取得成功，不仅会被证实是具有回报性的事情，而且，你也将在这个付出的过程中获得成长。伴随着你的成长，你将发现你离自己的目标更近了。

思考吧

慷慨在你的生活中是如何体现出来的？

你能怎么样更多地帮助他人？

21. 活在当下

正在强制戒毒的人必须学会活在当下，并要警惕进入他们头脑中的意念。如果他们想要保持清醒的状态，不碰毒品，就必须学会控制自己的思想。

为了成功戒毒，恢复健康，瘾君子们必须学会为今天而活。因为他们非常清楚地意识到，今天，的的确确是他们所能拥有的全部了。他们知道，昨天不过是一段记忆，明天不过是一个梦想，现在则成了时间当中非常宝贵的时刻。

说实话，今天是我们任何一个人所能拥有的全部。此时此地我们决定要做的事，就是将决定我们的未来的事。我们应当为未来做计划，并记住过去。但是，这样做不能以牺牲最大限度地过好当下为代价。

我的母亲和我的岳母都有记忆障碍。有很多次，当我们坐下来开始吃午饭的时候，她们两个已经记不起早餐吃了些什么。我们已经注意到的是，当我们跟她们任何一个在一起的时候，她们是真的享受跟我们在一起的时光。我们俩也很享受这样的时光。

她们不记得早餐吃了什么，这并不重要。在那个时刻，对我们和她们来说，唯一重要的就是，她们很享受自己的生活，享受和大家在一起，享受家人与她们共度的美好的生命时光。活在当下就是我们所拥有的一切，我们也深爱当下的每一分、每一秒。

有一些关键的问题，我们应该每天都问自己：现在我们要做什么？现在我们怎么生活？什么能让我们今天过得更好？

过去已经成为过去。在此刻之前已经发生的事，我们无法影响一丝一毫。未来激励我们今天的行为，并给我们力量，去做必须做的事，更好地创造我们的未来。当下，是我们采取行动并收获成果的时候。

如果我们沉湎在过去的失败之中，我们就失去了远见，也失去了目标。一旦发生这种情况，我们就失去了今天的能量来源，就会偏离正确的路线。我们应当从过去中学习，吸取教训，但不要活在过去，而要面向未来。要从你描绘出的生机勃勃的愿景当中汲取能量，并为了达到那个愿景，竭尽所能地做你今天必须做的事。

思考吧

为了让自己活得淋漓尽致，你今天将要做些什么？

22. 要快乐

不论你处在人生的哪一个季节，你都可以活得快乐。快乐是一种选择，是一种思维方式。

如果快乐是一种选择，那么，悲伤、沮丧和被激怒也都是一种选择。你是否曾经注意到过，有一些人总是疯疯癫癫的，跟他们待在一起通常都毫无意趣可言？你认识常常喜乐、言辞柔和，总是很快乐的人吗？快乐具有感染力。当一个快乐的人出现在别人的身边，他们自然而然地也会快乐起来。当有一个人笑起来的时候，我们自然而然地也想跟着一起笑。

人生四季，充满风雨坎坷。我相信，要想度过人生的任何一个季节，你需要有三样东西。有一句可以紧紧抓住的座右铭，有一首可以时常吟唱的主题歌，有一位可以推心置腹的朋友，拥有这三样，你一定会平安无恙的。

在我小的时候，爸爸每次离开家之前，总是会跟我们几个孩子说："在地上平安归于他所喜悦的人。"① 爸爸不希望他的孩子们互相惹气或者打架闹事。他希望我们过得快乐，发现喜乐，享受在一起的时光。他说的那句话直到今天仍然对我很有意义。当我需要平静我生活中的风浪的时候，我时常会想起父亲的话语。他的座右铭已经成为我的座右铭了。我追求和平与平安，把注意力放在自己得到的很多祝福上，并因此而欢喜快乐。

音乐是世界性的。无论你是开心还是悲伤，是哭泣抑或欢笑，甚至单纯坐在那里享受时光，都没有比听上一曲伟大的音乐更好的事了。什么时候都是歌唱的好时机！

最后，每个人都需要有个人来倾诉。没有什么比一个朋友更好的了。你可以跟一个朋友分享，你可以从朋友那里得到帮助。一个朋友能够成为你生活中的安慰之

---

① 出自《路加福音》2 章 14 节——译注

声，可以让你平静下来。

生活总是会给人带来种种挑战，我们如何应对这些挑战，完完全全要看我们自己。现在就做个决定，脸上带着笑容来经历这一生吧。快乐是一种选择。

快乐不依赖于你拥有什么或者没有什么。要因你所拥有的而快乐。快乐并不以任何外在的东西为基础，而是发源于内在。你做出了一个决定：要快乐。因自己所拥有的而快乐，会让你生出感恩之心；感恩的心会让你心怀感激，而这份感激最终必将生发出更多的快乐。

思考吧

你的座右铭是什么？

____

____

____

选出你的主题歌。

____

____

____

去告诉你的朋友们，他们对你意味着什么。

____

____

____

____

____

____

23. 首先要信任人

人们只有在信任我们的品格时，才会将一件事情托付给我们。接受别人的托付，是一个管家所处的位置。我们是被别人要求管理对他们重要的事情。享有好管家的美名，意味着某个人相信你的能力。

这些年来，我曾经与几个机构合作过，也有几位做领导的人对我说："我的员工必须赢得我的信任。"我对此的回答始终是："他们不应该赢得你的信任。作为一位领导，你应该先给出你的信任。如果你想让你的员工值得信赖，就先让他们看到你是多么的值得信赖。如果他们必须赢得你的信任，那就说明他们不应该为你工作了。毕竟，你为什么要雇佣一个你不信任的人呢？"

你要先给予别人信任，然后才获得别人的信任，这是应该有的次序，而不是反过来。你可能也像我一样，早就听人说过：“我不是很能信任人。”这真的是个耻辱，因为他们自己很有可能不会被别人很信任。人与人的关系是建立在信任的基础之上的，而说出这种话的那些人必然会缺少有意义的人际关系。

有时候，我们不信任人，问题在于我们自己，而不在于我们不信任的那个人。我们可能曾经把信任给了某个人，却不曾想信任错付，受到了伤害。有过这样不好的经历，会让我们难以再信任别人。但是，不要因为某一个人缺乏可信度而影响你信任他人。

给予信任，会令人满有能力。获得了因信任而来的能力的人，就有能力取得更多的成就。信任能振奋人心。人们能够分得清你对他们的信任是流于表面的，还是更加意味深长。他们会根据自己所感受到的被你信任的程度来对你做出回应。信任是对一个人及其能力的坚定的信念。

思考吧

什么在妨碍你信任他人？请把这些妨碍写下来。

24. 相信自己的判断

我们心里面有一个开关，它会告诉我们什么是对的，什么是错的，什么是好的，什么是坏的。你可能有过这样的经历：你从公司里辞职，虽然不知道何去何从，但就是知道辞职是对的。不久之后，你发现自己做上了梦寐以求的理想工作。

有时候，我们并不总是知道下一步是什么；我们单单知道我们得采取行动。我们拥有的能让我们前行的事，只有一样，那是一种感觉，我们的直觉。很多时候，我们出于恐惧而说服自己不去做某件对我们来说很棒的事，不信任我们内在的智识。

采取下一个步骤，是一个决定。有些时候，我们抗拒做出决定，但是，这么做只会令我们停滞不前，否定我们的潜力。要将你继续前进的决定，看作一个开始一次冒险的决定。我们可能不知道最后我们会去到哪里，结果会如何，但是，人生给了我们太多的正面的可能性，使我们选择相信，我们最后的结局一定会是了不起的。

我一直发现，以我的直觉，我是知道做什么事是对的。然而，我没有始终听从内心的声音。结果就是，后来我会在心里想，我真该听从我的直觉行事，我真该相信自己。相信你自己，是一个习得的行为，并且会随着时间的推移而得到强化。你已经拥有了获得成功所需的一切。要相信你自己，你已经准备好了。

我相信，我们都拥有独一无二的恩赐和天赋，但是那一个我们所有人都拥有的共同的天赋，是当我们花时间真正了解我们是谁之后，就有了相信自己的能力。这不是一个一次性的事件，而是一个持续不断地活出我们的价值观的过程，虽然这不是件容易的事儿，但是，专注于这个过程能够塑造你，使你相信自己做出的决定。

你对你自己的能力有信心吗？你相信自己可以做决

定吗？当你相信你自己，相信你的能力的时候，你就会具备能够促使你前行的确信。相信你自己，意味着你对于自己的信心是毋庸置疑的。对你自己的绝对的信心，也奠定了你信任他人的基础。

思考吧

花上两分钟的时间，写下你阅读上文之后的想法。

25. 一诺千金

一个不容妥协的原则之所以能够贯彻，因为它是你选定的一个标准，首先它会贯彻在你的个人生活中，然后贯彻在你的工作中，而不是反其道而行。它是你用来衡量每一个决定的标准，并且永不动摇。

我一直在观察那些保持着最高的道德水准的人，以及那些标准摇摆不定的人，他们在晚餐桌前与在董事会桌前的表现并不一样，结果，我发现，这两种人在成就上的差别非常明显，在人际关系方面的差别也同样显著。

一个践行自己的原则并且从不动摇且不容妥协的人，总是会吸引人们来到他们的身边。他们因为自己的人格魅力而受到人们的钦佩。他们建立起人际关系，扩展自己的私人关系网和职场关系网。

即使我们使用“原则”和“承诺”这样的全球通用的词汇，人们仍然对它们有着不同的解读。为了帮助大家理解我所要表达的真实含义，请思考一下我在下面给出的我们对原则的承诺的三个层次。

坚守承诺的最低层次是观点

我来举个例子，假设你的承诺是“要做正确的事”。我们也可以说：“我要做正确的事。”表达这个意思的方法有很多，我们使用其中的任何一种措辞都可以。但是，不论我们选择怎么来表达，在最低的层次上，我们尚未付诸任何行动来证明我们是认真的。我们只有言语上的空泛的表达，而没有任何切实的行动来支持我们说出来的这个观点，这不过是空谈。我们还没有做些什么事情来支持这个价值观。结果就是，我们还没有设定下一个不容妥协的原则。

坚守承诺的第二个层次是行动

在这个层次上，我们已经采取了某些有意识的行动，来支持我们遵守诺言，虽然行动不大。所以，如果我们已经有意地、有目的地做了正确的事，即使只做了一次，我们对原则的承诺就已经上升到这第二个层次了。它不再仅仅是一个观点了。我们能够在实际证据的基础上为我们的观点辩护了。但是在这一点上，有一个问题——我们的行动不是一以贯之的。也就是说，我们可能不会在所有时候都采取行动，支持我们的口头承诺。例如，我们可能只是在容易做到的时候，或者大家都这么做的时候，才用行动来支持我们的承诺。这时，我们仍然没有认定不容妥协的原则。

坚守承诺的第三个层次是不容妥协

到了这个层次，我们已经做出了决定，要站定立场来支持我们的主张和我们的信念，即使做别的可能会更容易一些。换句话说，当这么做不得人心或者困难重重的时候，我们仍然持守底线。我们选定了一个立场，使“要做正确的事”这个原则成为我们生命中不能妥协的事情。它是我们内心的事，是我们拥有的东西，是我们能够控制并且确实控制得住的一个结果。无论何时，当我们决定某个东西在我们生命中具有绝对性，然后把它作为一个不容妥协的原则付诸实践的时候，我们就掌控住了我们生活的这一领域。

一个主张或者一个行为，只有在不持守它更容易做到、却确实地为了它而站定立场的情况下，才成为一个不容妥协的原则。仅仅坐而论道地谈论这个原则，是不够的。

当你对某个人做出一个承诺，你会信守这个承诺吗？当你对你自己做出一个承诺，你会信守这个承诺吗？一个承诺是绝对的，是不可以用理由来推卸的责任。无论如何你都应当守住一个承诺。你会兑现你的所有承诺吗？不管是令人愉快的承诺，还是令人不快的承诺，你都会兑现吗？

思考吧

你怎样信守自己的所有承诺，既不给自己找理由，也不为自己辩解？

26. 设定目标

在我们的生活中，有许多我们想要改进和提高的地方。要想获得进步，其中的一个方法是设定目标。很多时候，我们为自己设定了一个目标，结果因为这个目标太大，或者是不可实现而没能达成，于是我们就变得沮丧。当我们沮丧起来，我们就会开始想负面的东西，就无法达到我们的目标。沮丧导致我们停滞不前，并最终放弃。

如果我们能将目标看作是下一个步骤，我们就更可能达到目标。下一步，在通往一个更大的事件的道路上，始终是一个增量式的成就。所以，如果我们将目标分解成一个又一个的下一步，并逐步完成，就更可能达成我们的目标。

下一步比大目标更小，所以很多时候，要达成它不需要花费大量的时间。随着我们达成一个个的“下一步”目标，我们就继续不断地向前迈进，一分一分地不断地强化对我们能力的信心，这样，我们就获得了良好的势头。一个正在蹒跚学步的小孩子，可不是一夕之间突然就能站起来开始跑步的，而是从攀附着家具站起身子开始，沿着家具蹒跚向前，最终放开手，靠着自己的双腿来行走。我们就像这个学步的小孩子一样，单单需要把我们的眼睛盯在下一件要做的事情上，一件一件地来，于是我们将很快地达到目标。

目标就是人生的标靶。目标给我们做的每一件事情都添加上了目的和意义。没有目标，你每天活着就没有方向，是得过且过。目标帮助我们专注在我们口中所说的对我们最重要的事情上。有了目标，你会恨不得一天当两天过，分秒必争地做事。

目标会让我们制定出优秀的计划，取得非凡的结果。然而，创造出一个愿景，然后努力向着它前进，并不意味着我们必须在沿途之中的每一步都跟它绑定在一起。不要怕在路上重新评估你的目标和意向。要记住，过于详尽的目标会成为一块磁石，而你则发现自己不受控制地被它吸引住，牢牢地束缚住。

思考吧

你的目标是什么？

____

____

接下来的 30 天，你的目标是什么？接下来的 90 天，你的目标又是什么？

____

____

未来一年，你的目标是什么？未来三年，你的目标是什么？

____

____

____

____

____

27. 要表达感谢

有些东西必然会给你带来回报，感恩是其中一样。为你所认识的人而感恩，会产生出力量。不过，问题在于，你能感谢那些你所不认识的人吗？

你会感谢帮你把你购买的生活用品装进袋子里的人吗？你会感谢为你服务的银行出纳员吗？每一次女服务生为你斟满茶杯的时候，你都会感谢她吗？

感谢甚至可以扩展到我们素未谋面的人身上。你晚餐享用了一只鸡，你感谢养鸡的那个人吗？你开车回家，你感谢铺设了那条路的人吗？你感谢你根本不知道名字但是做了让你的生活变得更美好的事的人吗？单纯的感谢能够而且必将改变一个人的人生。

我发现，在生活中多多表达感谢的人，是那些相信自己被多多祝福的人。有的人认为是靠着自己赚得了一切，就愿意牢牢地抓住他们赚得的东西，而很少向任何人表示感谢。当我们相信美好之事的发生是因为我们的努力工作和他人的努力工作，相信我们已经被祝福，获得了很多东西，我们就学会怀有感激之心，并期待与他人做更多的分享。我们会为了临到我们头上的具体事物而心存感激，更重要的是，我们会感谢那些出现在我们生命中的人们，感谢那些我们不认识的人，因为我们清楚，他们让我们的生活更美好。

当我们心怀感谢，平安就成为我们生活的一部分。感谢的力量使我们能够时常把他人放在心中。感谢是一种正向的、有意识的思想，它将产生出积极的、有意识的行动。但是，除非这种感谢是真实的、发自内心的，否则它不会产生出积极的、有意识的行动。

真实和真正的感谢能诱导他人展现出自己最好的一面。当你对他人表示感谢的时候，你不只是在感谢他们的所作所为，也是在鼓励他们继续对存在于他们生命中的人表现出自己最好的一面。要清楚你所领受到的所有礼物的来源，并表示感谢。

思考吧

谁是你的天赋的来源?

28. 勇于承担责任

责任不可以轻忽对待。在工作当中，如果上司给了你什么职责，你就是被赋予了一定程度的信任。当有人给予你信任，你会想要回报这份信任，按时上班，把工作做好，做个可靠的人。

当我们被赋予责任，并且我们也接受了这个责任，那么我们就在整个过程中向人展示自己的能力，让别人看到我们有能力做什么事情。如果我们展示出来我们有能力承担额外的责任，我们就更可能在工作上获得晋升和提拔。我们要教导孩子承担责任，这也是他们成长并获得成功的关键。当我们做错了什么事情的时候，纠正错误的第一个步骤就是承担责任。

领导们懂得，他们负有很多的责任。他们知道，人们和组织成败的责任最终总是会落到他们的身上。领导从来不推卸责任，使责任旁落，他们总是迎接责任，拥抱责任。

承担责任是一种高尚的行为、光荣的行为，是领袖要做的事。如果你以负责任而为人所称道，就说明人们认为你是值得信赖的。这时，你的声誉就会使你在工作上、家庭中，或者在你生活的社区里，承担更多的责任。

你总是会寻找捷径吗？你相信别人会比你更幸运吗？对于你正在追求的成功，会有一个神奇的成功之道吗？未来的结果是以现在的行动为基础的。你对你的行为负有责任，因此，也对你行为的结果负有责任。为你的成功负起责任，是通往卓越之路的第一步。

思考吧

负责任是什么意思？

29. 消除生活中的负能量

我的一位朋友被诊断出来患有Ⅴ期（5期）慢性肾脏病，需要肾脏移植。在等待肾脏移植的过程中，她不得不开始透析治疗。有一天，我们两个聊天，她告诉我说，她看到其他在做透析的患者都很悲伤，这让她感到震惊，于是她决定要想办法做点什么来改变这种状况。

她的新的正常生活秩序是每周去做三次透析。她决定她能做的事情是，每次早去几分钟，跟每一位病友打招呼，并给他们一个微笑。她在自己努力和病魔做斗争的时候，还愿意传播正能量，我被她深深地感动了。

你看，我们所有人都得选择我们对人生的态度和应对方法。我们可以选择被惹怒；我们可以选择做个贪婪的人；我们可以选择消极对待；或者，我们也可以选择感恩。我们可以选择快乐，我们可以选择积极。我们都可以做选择，只是需要记住我们的想法是什么，记住我们选择如何去感受。

消极想法导致负面的结果。如果我们设想最糟糕的情况，很多时候，就会发生最糟糕的情况。我们实在太忙于过消极的生活，以至于我们没能看到挑战，没能领会到机遇，没能做出会引领我们得出积极结果的那个决定。

负面想法还会使他人离我们而去。有谁会想跟一个负能量满满的人待在一起呢?

在我们的工作和个人生活中，将会有试炼和磨难，会有艰难的时刻和更加艰难的时刻。但是，到底是以消极的心态去面对那些环境，还是以积极的心态来面对那些环境，是我们能够控制的。

你会让自己沉浸在负面想法之中吗？你会消极对待你周围的人吗？你周围人会消极对待自己和你吗？消极

的态度和话语会抽干你生命的能量。每一句负面的话，不论是你说的还是别人说的，都会从你里面吸走能量。能量对于工作和生产是至关重要的。减少或消除你的负面想法，就是你要努力与态度积极又能激发你能量的人在一起。

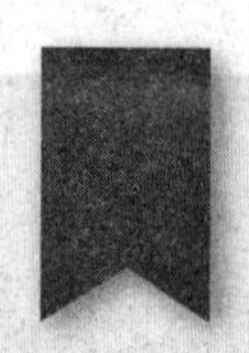

思考吧

你怎么除去你生活中的负能量？

30. 改变是成长之路

在经典电影《绿野仙踪》中，多萝西和她的伙伴们相信法师是一个大有能力的男人。光是听到他的声音，他们就很害怕。但是，当帘子被掀开，暴露出来的法师的真面目却是一个虚弱无力的小人物。

改变就像这个法师。除非我们让改变的力量控制我们，否则它根本没有什么力量。我知道，很多时候我都听到人们说："我讨厌改变"。单单这样负面的想法就妨碍了这些人在他们的私人生活和工作上取得发展和进步。他们没有意识到，他们已经经受了生活中强大的、正面的、了不起的改变。他们没有意识到，他们所经历到的任何一件好事，都是因着某种改变而产生的。从学校毕业是改变，结婚是改变，生孩子是改变。在我们生活中，有很多美妙的时刻都是作为改变的结果而出现的。

改变时时刻刻都在发生。每次有一个新员工加入到团队里面，或者一家公司赢得了一位新的客户，都有改变发生。

有时候，在我们的组织里，当我们发现有什么东西发生了改变，真正发生的其实只有一件——已经有一个决定被做出了。不要任由改变让你大吃一惊。你怎么应对改变，是由你来控制的。拥抱改变，拥抱改变所带来的各种机遇吧。

改变是发展的实质与精髓。改变是一份礼物，是一个机遇。通过改变，你有机会成长和壮大。一成不变，是我们所有人的敌人。抗拒改变，是消极的，它会分散你的注意力，耗尽你的能量。

仅仅调整一下你的行动、方法或者系统，并不能带来真正的改变。真正的改变是转变你对局势的看法所产生的结果。当你改变了你的信念，就会促使你改变你的作为。这种在行动上的改变是永久性的、持续性的。

只有你使用自己的创造性能力，并拥抱改变，你才会获得一种力量，这将是培养你和养育你成长的力量，而不只是改变你的行为。在任何方面做改变，总是以改变你的信念作为开始的。当你改变了你所相信的，你就将改变你的行为，并得到一个不同的结果。

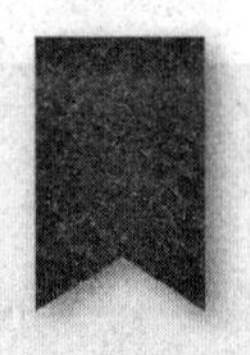

思考吧

你对改变怎么做出反应？

31. 为自己的信念挺身而出

为自己的信念挺身而出，不意味着你是对的，而其他人都错了。当你有所主张的时候，人们会更加信任你，因为他们知道你言出必践。他们可能并不同意你，但他们会因为你所持有的立场而尊重你。

仅仅因为你有很强烈的信念，并不意味着你不愿意听取别人的意见，而是意味着你明确知道自己的信念和价值观。

人们常常并不愿意选择自己的立场，因为他们害怕人们会因此而怎么想自己，怎么说自己。当你不选择立场的时候，你就降低了你作为一个独立个体的价值。其他的情况下，人们不选择自己的立场，是因为他们从来没有花时间搞清楚自己相信什么，看重什么。你的信念和价值观塑造了你的个性。你的基本信念就是帮助你判断何为对、何为错的原则，从而做出正确的决定。

如果你允许某个人说不恰当的话语，或者做不恰当的事，却不表达你自己的感受，不站出来维护你自己的信念，那么，实际上你就是在容忍和支持他们了。

我曾经听到某人说了一些性别歧视或者种族歧视的话，然后在心里想："他说的不对。"我的想法不错，但是这个想法并没有改变我周围的任何事。因为我没有说出来，我什么都没有做。而现在，我会大声说出来。

我会以尊重对方的态度来指出，他刚才说的话是性别歧视、种族歧视，或者错在哪里。可能他们真的是那么认为的，也可能他们并不明白自己说的话有什么含义。我表达出自己的信念，可以使他们意识到他们所说的话的全部含义，于是他们就可能收回说出去的话，或者调整一下他们的表达方式。不管是哪种情况，我都会让我周围的人知道，我并不赞同那种想法或做法，并且我绝不会允许那种想法在我身边不经检查而存在。

你知道你的信念和价值观是什么吗？你的个性有多强？当你周围的人谴责你的想法，对你表示否定的时候，你能够坚持己见吗？你能坚信你的想法和你的信念是对的，即使当它不是流行的观点时也能坚持吗？你是自己做决定，还是让别人来决定你的命运？

思考吧

你怎样为你自己的信念挺身而出？

当有人要你违背你的信念做事时，你怎样应对？

32. 带着激情生活

带着激情生活，并不总是意味着你会过得很开心。当你对所做的事充满激情的时候，你就是有了一个不能被消灭的欲望：要继续把它做下去，不管它有多艰难。这股激情驱策着你继续前行。

一提起“激情”（Passion）这个词，我们很少会想起它的第一个意思——“苦难”[①]，而是会很自然地联想到让我们感觉美好和舒适的东西。事实上，如果你对什么东西有激情，你是甘愿为之受苦的。激情是强大的，也是让人痛苦的。有激情的人会继续做下去，不管这么做有多么痛苦，不管它有多么复杂，也不管谁会来挡道。

① Passion 这个词既可以被翻译为激情，也有苦难的意思。

如果你真的是带着激情在生活，那么就说明，你已经跨越了苦难这一关，到达了彼岸。

我热爱写作，热爱与人分享能产生改变的观点和想法。对我来说，写书和演讲就是我的一个激情所在。写作这本书花费了我的时间和精力。有好多天，我很想去做另一件事，但是，我知道我已经向出版商承诺了一个截稿期限，我就必须继续写下去。我之所以能够写完这本书，因为我对自己所做的事充满激情。没错，有时候去参加一场球赛或者出去远足会更有意思，然而，我要分享的信息让我充满激情，促使我继续书写不辍。

激情是一种具有高度感染力的情感。你的激情将会给别人的激情加油，在我们公司里，创造力正是这样激发出来的。激情是任何事业的燃料，是任何使命的能量。

激情是发现你的目的的种子，是任何一个成就的基石。激情点燃欲望。你的激情有多高，决定你的成就有多大。激情是不屈不挠的，是川流不息的，你随时可以汲取它。

思考吧

你对什么有激情?

你怎么表现出你的激情?

33. 要有耐心

养大四个截然不同的孩子，你就会懂得人们常说的“耐心是一种美德”。如果你要与其他人互动交流，你就必须学会保持耐心。

我发现，别人没有按照我做事的方式来做事，我就表现得很不耐烦。这些年来，我不得不学会一件事——某个人做某件事的方式和我不同，并不意味着他就是做错了；仅仅根据人们做某件事的方式来判断人，这是错的。我需要付出努力，才能使自己有意识地记住这一点。

我还发现，我之所以失去耐心，常常是因为我只关注我自己，而忽视了别人也有需要。

我们很容易对别人没有耐心。开车的时候，我们常常会没有耐心。事实上，我们不明白为什么有的人会那样做事，或者他们为什么会做那样的事。我们不了解他们的故事、他们的情况，不了解他们可能正在面临的一些挑战。有耐心，是我们给予他人的一份礼物，也是我们给予自己的一份礼物。耐心能产生出我们对生活的满足感，会让我们心满意足。

蛋糕要发起来，是需要时间的。加快进程缩短时间，就如同揠苗助长一样，只会毁掉蛋糕。耐心并不意味着我们不在乎，而是意味着我们明白：发蛋糕需要花费时间，因而我们采取合适的行动，耐心等待。

耐心意味着为了使自然事件成熟并成功地发生，而允许所必需的一定量的时间过去。耐心不意味着不努力前进；它只意味着，你意识到在你登顶的过程中，可能会有一系列的步骤是你必须经历的。

思考吧

你怎样用耐心来平衡你对于结果的追求？

____

____

____

____

____

在什么情况下，你能更有耐心？

____

____

____

在你的生活中，你对谁更有耐心？

____

____

____

34. 要有同情心

如果你是一个充满了同情心的人，你就总会受到感动要去做什么事情。同情首先是一种感受，然后，它的力量会引导你问自己一个问题："我能做什么？"对于有同情心的人而言，这个问题的答案永远都不会是"我做不了"。

同情心驱动行动。联合劝募慈善总会、犹太社区中心、救世军、无家可归者救济站、弱势儿童课外项目以及数不清的为需要帮助的人们开办的项目，都是在同情心的驱使下产生出来的。

正是因为同情心，人们才不在意一个人的肤色如何、社会经济地位如何，或者他是住在城市的哪个部分。正是因为同情心，人们关心的只有一件事情——“我能怎么提供帮助？”

同情心总是会演进成为行动。正是这种行动，为人们的生活带来了变化。世界上没有比人帮助人更伟大的服务了。

每个人都会时不时地需要别人的帮助。每个人都会对别人的一句好话心存感激。对他人的真正关心是用语言和行动来表达的。人们需要听到表扬的话语，需要看到你用行动展示出来的你的感情。你的行动会验证你说出来的话。真诚的关怀、欣赏和关心，能够带给人巨大的力量。

思考吧

你怎样表达对人的同情?

在你的生活中，你会一直表现出同情心吗?

35. 向他人学习

我不相信巧合。我相信，我与某个人相遇必定是有原因的。在我们相遇的那个时刻，要么可能该由我教给他们一些东西，要么可能该由他们教给我一些东西，或者两者都有。

带着这样的信念，我总是会问自己这样几个问题："为什么我们会被带到一起，彼此相遇？我能向这个人分享些什么？我能从他们和这个环境里学习到些什么呢？"

每个人都有故事，而我们常常只是匆忙过着自己的生活，忙忙碌碌，却从来不花时间去了解和享受所有出现在我们生活中的、与我们产生交集的有趣的人。

很多时候，我们以为我们只能从富有的人身上学习，从有高学历的人身上学习，或者从位高权重的人身上学习。事实上，我们能够从所有人身上学习。我曾经和待在街角的人们交谈，离开的时候，我已经从他们身上学到了一些关于态度、人生远见，甚至政治性的东西。

作为“责任运动”的发起人，我有幸得以有机会跟很多人谈话。最近，我主持了一系列交流活动，与不同年龄、种族、社会经济地位以及信仰的人们对话。他们当中有些人我以前见过，不过大多数人我是第一次见。我们一起谈论信仰、种族、政治、商业、教育以及许多其他题目。我从他们那里学到了东西，他们也从我这里学到了东西，我们也一起从生活中学习。

间接学习就是从他人的经历中学习，是学习任何东西的最简单、最便宜的方法。从过来人那里学习，能极大地缩短你的学习曲线，增加你的力量，使你能在向着目标前进的过程中坚持下来。

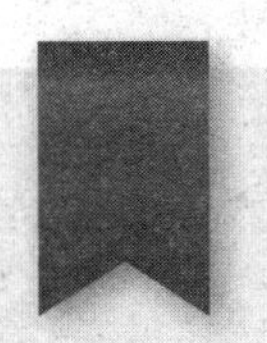

思考吧

阻碍你从他人那里学习的是什么？

你从别人身上学习之后，归功给他们吗？

36. 保持专注

专注是常常会用到的一个词。但是，我认为这个词的真正含义和其含义的深度正在随着时间的推移而丢失。在 1828 年版《韦氏词典》里面，“专注”这个词被定义为“聚焦的一个点”。[①]

职业运动员能够精准地专注。在一次比赛当中，周围有很多分散运动员注意力的事情发生：作为对手的另一个队正在努力分散他们的注意力；球迷们可能正在为他们喝彩加油，或者给他们喝倒彩；站在边线处的教练们正大声喊叫着发出指令；而小商贩们正在看台上卖力地兜售着商品。

---

① *Webster's 1828 Dictionary* (*1828*) , s.v. “focus,” http://webstersdictionary1828.com/Dictionary/focus.

然而，就是在这些嘈杂纷扰之中，一个篮球运动员能够精准地投中一个直落篮筐的三分球；一个橄榄球四分卫能够准确地把球传到50多米外的接球手的手中，他们没有消除掉那些干扰，而是能够不顾干扰，聚精会神，专注比赛。

在我们能够为自己做的最重要的事情当中，有一件事就是要了解我们生活中的干扰是什么。正如那些职业运动员一样，我们或许没有能力从生活中消除那些干扰，但是我们能够学会无视它们，保持专注。

有一些干扰以噪音的形式出现，例如看台上球迷的叫喊声。有一些干扰则以机遇的面目出现，它们看似不错，但对你而言并不是好事。于是，筛查分辨那些将会自然地出现在我们面前的重重干扰，便成了我们人生抗干扰进程当中的一部分工作。

我是一个创意人。我总是会不断冒出新的点子，怎么去做一件事，或者怎么把一件事做得更好。问题在于，这些点子可能并不总是和我的使命与愿景相一致。因此，我必须努力地保持专注。我不得不记住：即使那会是个好主意，但如果它不符合我的专注点，对我而言就不是一个好主意。

另外，我还喜欢酷玩产品和技术，甚至有时候我会过于专注最新发行上市的酷玩产品，这是我的一个爱好。我们都有一些爱好。有些人喜欢钓鱼，有些人喜欢读书，有些人喜欢绘画。尽情享受我们的爱好的确很重要，但是，不要让它们吸引我们偏离我们的焦点。

你的行为是有顺序的吗？当你专注于自己的目标的时候，你能决定出什么是最重要的、什么是次要的、什么是不重要的吗？那些干扰项会妨碍到你的关键活动和关键目标吗？你会首先处理生活中的重要事务，接下来才去做不那么重要的事情吗？

专注能够给你的行为加添力量，并极大地强化你在一个非常高的层次取得成就的能力。一旦你已经专注在你想成就的事情上，你的思想和行为就应该像一束激光一样，锁定在为了实现目标所需要的东西上。专注意味着你有能力不顾干扰而命中目标。

思考吧

你需要在你的生活的哪些方面更加专注？

____

____

____

在哪些方面你需要重新专注？

____

____

____

在你的生活中，有需要你减少专注的方面吗？

____

____

____

____

37. 时常欢笑

有时候，我们可能会发现自己的身体出了什么问题，就去看医生，医生经过诊断，可能发现有必要给我们开些药吃。在这种情况下，医生会告诉我们每天要在某些特定的时间吃药，并且要吃上一段时间。通常，在这个治疗方案结束的时候，我们会发现自己的病好了，又活蹦乱跳了。

“喜乐的心乃是良药。”欢笑被人们称为医治心灵的良药。我相信我们应该每天都欢笑，就像有一位医生为了让我们恢复健康而给我们开出了以欢笑为药物内容的处方一样。欢笑具有感染力，它拥有让我们周围的人感觉更好的力量。欢笑能让大家在一起的时候都感到舒服，它用这样的方式将我们联结在一起，并且它会给我们能力，可以在一个更加轻松的氛围中互相交流。

专家们称赞欢笑在生活中和工作中对人的益处。有一些科学家专门研究欢笑。他们的研究表明，欢笑非常有力量，当我们笑的时候，它会影响到我们的整个身体。科学告诉我们，当我们欢笑的时候，我们免疫系统里的T细胞就会增加，而这种T细胞正是人体对抗疾病的天然防御机制。由此可见，欢笑的的确确是一剂良药！

你会欢笑吗？你什么时候会欢笑？你对待自己有多严肃认真？你能因为过去犯的错误而欢笑吗？欢笑是具有医治功能的。欢笑会释放内啡肽到你的身体里；内啡肽会让你感觉良好；而当你感觉良好的时候，你周围的人也会跟着感觉良好。

要找到可以让你欢笑的事物。在每天的生活和工作当中寻找幽默可笑之处，要过充满欢笑的生活，你将发现，欢笑是具有感染力的。

思考吧

你有时候对待自己太过严肃认真吗？

你怎样能给自己的生活以及周围人的生活带来更多的欢笑？

38. 聆听他人

我听说了一个故事，讲的是一个男人患上了肌无力的病。他身体的每一块肌肉都受到了疾病的影响。有时候，疾病会导致他说话的声音很小，只能发出虚弱的低语声。

这个男人是一位绅士。有一次，他去参加为领养系统里的孩子们举办的生日会，并跟一个十岁的小女孩聊起了天。那一天他的声音恰巧小得几乎听不见，别人要听见他的声音几乎不可能。那个小女孩一定要听到他说的话，就单膝跪在地上，把一只耳朵凑到他的嘴边，好听清他说了什么。就这样，他们两个人进行了一次美好的对话。

这就是聆听的样子。聆听意味着你下定决心要听清楚别人说的话，以至于为了达到这个目的你几乎愿意做任何事。

聆听表明你在意别人，在意他们的想法，在意他们的感受；聆听是一种尊重他人的方法，也是一种向他人学习的方法。当你表示出对别人感兴趣，并侧耳聆听，你就能够与他人建立起一个更有意义的人际关系。

你是从说话上学到更多的东西，还是从聆听中学到更多的东西？你会控制谈话吗？你能多听而少说吗？你表达自己的见解是为了满足自我，还是为了对谈话做出贡献，推动谈话来解决问题或提供新的信息？你是在说，还是在学习？

当你聆听的时候，你会了解到他人，了解他们的诉求和他们的利益所在。聆听使你可以更充分地服务他人，更好地对他人的需求做出反应。聆听在于努力理解他人。聆听表明你在意。

思考吧

请你在接下来的五天中，在每一次对话的时候，特别努力地聆听别人，等他们说完话，你再开口说出自己的想法。

39. 付出代价

我最喜欢做的事情之一是在苹果商店里购物。我承认，那时的我就像一个进了糖果店的小孩子一样！而且，如果我走进苹果商店，我很可能是要买东西的。

不管什么时候，当我决定要出去购物的时候，我要做的第一件事是决定我要买些什么，第二件事就是把东西拿到柜台去付钱。然后那件东西就属于我了，我想用它做什么都可以，因为我已经为它付出了代价。

生活中真正重要的东西通常不是物品而是经历和关心，它们会让我们付出代价。如果我们想成为职业生涯中最棒的人，我们就得为此付出代价。你若是工作上的领头羊，这可能意味着你已经为此做出了某些牺牲，并且那从来不是容易的事。要做一个了不起的家长，或者要做一个老去的父母的了不起的孩子，你就得花费时间，投入精力。

你想成就的任何事都有价格。这个价格可能以货币的形式出现，但通常是以时间、精力、牺牲和承诺的形式出现。你愿意为你所说的对你重要的东西而付出代价吗？做出那个承诺，是向着你的目标前进的第一步。

思考吧

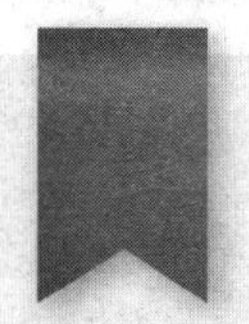

花时间想一想，你需要为你的目标付出什么代价？请计算这些代价。

40. 决定在乎你

做出可靠而明智的决定并非易事。如果容易，每个人都会这么做了。可靠就是对人们信守你的承诺。你对事情是要负责任，对人则是要可靠。可靠总是涉及人与人之间的关系。当我们开始思想自己和自己的个人利益的时候，我们就可能会发现我们对于周围的人而言已经不够可靠了。

每天我都要跟很多想法和挑战做斗争，这些想法和挑战就是我写在这本书里的内容。正是在我挣扎而导致的痛苦当中，我找到了自己的答案，发现了个人的成长。个人的成长是一个永不终结的推动力。想要变得更好，就需要持续地付出和承诺。

教育水平、高质量信息以及对于你渴望得到的正向结果的个人承诺，是做出好决定的基础。对你所需要做出的决定下定义，做出这些有质量的决定，然后针对你的决定采取行动，这样，你就能获得成功。

正向的结果和成功并不总是马上会发生。事实上，有时候为了学会并做出更好的决定，我们必须先经历艰辛，品尝失败。半途而废会带来失败，否定成功路上必要的过程以及所需要的时间，也会带来失败。

每天，你都面临着很多决定。你在这个世界上会走到哪一步，取决于你自己。你有机会塑造你自己的传承。你的传承是以你的愿景、你的思维方式和你做出的决定为基础的。大多数时候，我们可以传承的东西浩如烟海，然而我们并没有意识到这一点。只有我们有意识地选择要成为那个人，或者要为之努力追求，才能够形成传承。这，是你的决定。

附录　绝对的承诺

引言　承诺是什么？

我擅长出谋划策。每个人都有一些安身立命的本领，我的本领是出谋划策。我给我的朋友们出主意，供他们在私人生活中和职场上应用；我给我的客户们出主意，让他们在自己的公司里应用；我也给自己的企业出主意。这些年来，我想出了许多很好的点子，给我自己以及我周围的人们带来了巨大的改变。

当我审视在我个人生活和职业生涯中最为后悔的决定时，我意识到，我并不为那些尝试新事物的决定而后悔。我后悔的是我没有对其中的一些主意坚持到底。我后悔没有对那些主意持之以恒，直到看到它们转化为成功。我真的相信，很多被我放弃的主意，如果我诚心实意地把它们坚持下去，原本能够带来重大的成功。一想到我因为缺乏坚持而错过了那么多好机会，我就会难过不已。

今天，我对于要实行哪个创造性的点子会非常小心谨慎。单单因为某个想法是个好主意，并不意味着它对我来说就是对的。我懂得这个道理，我也发现，如果我优化选择自己要采用的主意，那么我的时间和精力就有了焦点，我就是坚定的，也会取得更多的成功。由于我曾经经历过因为不承诺、不坚定而导致的失败，就学会了对于我要坚持什么不吝挑选，一旦我投入进去，我就要全力以赴，让它成功。

承诺会释放出能力与潜力

伴随承诺而来的，是一种能力。什么能力呢？能力是你看不到的一种力量。它总是会产生出结果，并且百分之百的可靠。承诺的能力绝对不会让你失望。无论你对什么做出承诺，都将给你带来一个结果。你承诺付出的这个事实，会产生积极的结果。这就是承诺的能力。

承诺的能力是转变性的。它能转变我们、我们身边的人，也能转变我们的企业、公司，甚至转变我们的世界。

承诺释放出潜力。它能使你变成最好的那个你。承诺所能产生出的最伟大的转变之一，就是我们的个性得到发展。

承诺包含挑战和牺牲

承诺不是容易的事。你的可靠程度会常常经受挑战与冲突的考验：在面临个人的损失时，或者处于一个危机之中时，或者这样做不符合你的最佳利益的时候，你还会持守你的承诺吗？承诺与性格相关。事情容易办到的时候，谁都能够做出承诺；但是当冲突出现的时候，就会显现出你是真的承诺还是假的承诺了。此时此刻是证明你有多可靠的时候，也是发展你的个性的契机。

正如一株植物必须冲破土壤才能看到太阳，得以生长，我们也必须冲破我们面临的挑战和冲突，持守我们的承诺，才能成长。你在外面看到的那片草叶，要冲破比它沉重很多的泥土。它要冲破极大的阻力才能从地里面冒出头来。这可不是一件容易的事。破土而出，对于植物不是易事，对于我们也是如此。是的，我们会遇到阻力；我们得努力工作；我们必将坚持到底并取得成功。在我们克服困难守住了承诺的时候，我们就获得了升华，变得更好，而且永不会倒退。

不只承诺不容易，人生也不容易。每一个取得了伟大成就的人都做出过极大的牺牲。牺牲是件严肃的事。牺牲不是放弃什么额外的东西或者不必要的东西，而是为了去做或成就更重要的事而放弃某个重要的东西。我们并不一定能看到那些牺牲。我们只是在电视上或新闻上看到某个人取得成功的那一刻，而忘记了他们曾经为此付出的代价。因为某种承诺，总会有那样的牺牲。运动员每天投入好几个小时的时间进行训练来提高技能。医生每天花费好多个小时来学习医学，并且要这样坚持好几年。看似“一夜之间取得成功”的企业家，其实花费了好几年的时间学习经商技能，创立一家企业。在取得我们都看得到的成功之前，他们一直都默默无闻。

承诺是绝对的

当我们将“可靠”定义为“信守对人们的承诺”，我们就很容易忽视“承诺”这个词。“哦，是的，我知道承诺是什么，大家都知道承诺是什么。当我们说‘是的’‘我会的’或者‘我愿意’的时候，就是在承诺。”我们一般会这样想。

现实情况是，人们对承诺的看法并不相同。承诺是一个有着令人难以置信的能力的词。我们若不好好定义承诺的意思，就会破坏可靠这个词的定义。

承诺是绝对的。仅仅因为你遇到艰难，并不意味着你需要继续前进或者是时候放弃了。仅仅因为某件事难办，并不意味着你应该去做别的事。否则还有什么承诺可言呢?

承诺是绝对的。

一个承诺是一个誓言，是一个约定。它不是可能，不是但愿，不是大概，而是绝对。承诺就是无论如何。

做出承诺是一件严肃的事情。承诺有着另一个层次，它深入你的骨髓，甚至让你根本不会去想不那么做的可能性。这个层次就是绝对的承诺。这是一个真正的领袖、一个可靠的人所到达的层次。

承诺的这个定义将彻底地改变你看待事物的方式。“绝对的承诺”已经成为我个人的口头禅。当你透过承诺这块镜片去看世界，“确信”就有了一个全新的含义。因为你不会半途而废，所以成功的可能性就变大了。因为你身边的人知道你一定会永远支持他们，每一次都支持他们，所以你与人的关系就会得到巩固加深。这都是因为绝对的承诺!

伴随承诺而来的是一种能力

当你站定了绝对承诺的立场，你就不会寻求后路，而是全力以赴。你永远也不会给自己找个退路，而只会一往无前。当你站定了绝对承诺的立场，你就获得了可靠的好名声。你周围的每一个人都知道在任何情况下你的立场是什么。他们知道，无论环境如何，他们都可以依靠你，而这个认知会让他们放开手脚，专注前行。当他们知道他们可以依靠你，你就会发现你也可以依靠他们。这种依靠和信赖变成了相互的。

在任何情况下，在任何关系中，我们只有三种可能的立场："不""也许"和"是"。"不"是显而易见的，无须赘述。"也许"意味着有可能，但是同时也意味着也许不可能，或者不会发生。

我们的孩子还小的时候，他们会问我的妻子蕾妮，他们能不能做什么事，或者我们能不能去哪里。有时候，我妻子的回答是"是"，有时候，她的回答是"不"。还有很多时候，她的回答是"也许"。"也许"意味着大门是敞开的，但是不保证。实际上，"也许"通常意味着"我不想说'不'，于是我说'也许'，但是'更可能'答案最后是'不'，尽管仍然有可能性。"哎哟，这可真绕口！久而久之，当孩子们听到妈妈说"也许"的时候，他们就明白了妈妈话里的意思是什么，然后会回一句："哦，意思就是'不'。"

真正的问题是，当有人说“是”的时候，他/她的真正意思是“也许”。这可不是一个承诺。这样的人就是不可靠的。久而久之，人们也就弄明白这个人说“是”的意思并不是“是”。因为这个人不可靠，他/她的信誉度就会下降。这样的人，就会失去由“无论如何”的好名声带来的个人能力。

你是要寻找退路还是要一往无前?

“是”是一个承诺，而一个承诺是绝对的。当你采取了“是”这个立场，你将不遗余力地兑现它。这意味着，你的承诺使你成为一个非常有力量的人，并且，你不只在你周围人的眼中是个大有力量的人，而且在你做成事情的实际能力上，也是如此。

当人们知道你对他们忠心，承诺的力量会变得更大。你所承诺的那些人知道你信任他们，相信他们，希望他们获得成功，并且你会先满足他们的需要，再满足你自己的需要。一个可靠的人、一个伟大的领袖正是这样做事的。

领袖会慎重说话。他们会先思考再说话。他们不会无的放矢，空口说白话。当他们真的开口说话时，他们所说的话是以他们的信念和价值观为基础的。他们知道自己说的是什么。一个领袖永远记得自己说过什么话。承诺的一部分就是小心记住你说过的话、你许下的诺言。不记得你答应做某件事，并不是你没做那件事的合理借口。

按照“绝对的承诺”的标准生活的人，受到他们所说的话的保护，而不会因时间而动摇。他们会根据自己真正相信的、真正感受到的，以及能够实现的东西来做出决定，给出承诺。

承诺要求诚实与透明

诚实和透明是你持守承诺的核心。在一个工作场合里，人们不容易对自己不认识、不信任的人做出承诺。领袖们要去认识他们所领导的人，反过来也要让手下的人来认识他们。当领袖们行事透明、光明磊落的时候，你就有机会认识他们。你单位里的人或者你生活中的人认识你吗？他们真的认识你吗？

你对一个事业或使命的信仰，可能足以使你为了你所支持的人们或你要帮助提高其生活水平的人们做出牺牲。你发自内心地给予，想要带来改变。即使你不认识那些具体的人，也没有关系。你知道你的事业是什么，知道他们面临的挑战是什么，也知道你能够给他们的生活带来什么样的改变，这些就够了。

但是，在一个公司里面，你可能不会为你不认识的人做出牺牲。而且，只有你认识某个人的时候，你才可能去关心他/她。真正的关键在于，领袖总是会率先去关心他们的下属！

我公司里面的一个重要人物是我的助理莎伦。我们每天都会一起讨论彼此在公司层面和个人层面的可靠性。我们研究这个题目，增加我们的理念的深度，与客户一起工作，帮助领袖和他们的公司，还要撰写演讲稿。这个过程并不总是一帆风顺的。早先，我们两个不知道该怎么跟对方交流沟通。我说的“早先”，是指三年多的时间。在那段时间里，我们经常因为意见不合而大吵特吵。

我居然没有炒了她，让莎伦感到很诧异，她居然没有提出辞职，让我也感到难以置信。有时候，事情真的会糟糕到那种地步。

问题是，我们俩互相认识。我们认识对方的家人，了解彼此的价值观，并且我们都致力于建设一个更加可靠的世界。莎伦忠于我，忠于我的使命，而我也忠于她。

我们度过了那些艰难的年月，结果，我们建立起了深厚的友谊，锻炼出一起工作的强大的能力。我知道她会永远支持我，并且相信，她也和我一样，知道我会永远支持她。

承诺要求一致、明确和平等

当你在一段时间里秉承绝对的承诺，就产生了一致性。你的行为始终跟你的话语相一致。正是关于绝对承诺的一致性，成了支撑你个性的一个重要部分。

要有一个明确的承诺。你必须知道你真正忠于的是什么。你必须知道你这个承诺的影响力和重要性。当你忠于一个有意义的事业并兑现承诺的时候，是很感人的。

人们做出承诺，是因为他们想成为某个积极的事物的一分子。他们想成为比自身更伟大的事业的一分子。他们有一种渴望，想要变得更好。他们想要对一段关系有所贡献，对他人的进步有所贡献。

公司通过企业的价值观有能力提供人们想要的所有这一切。雇员们期待活出这些价值观。无论公司领袖愿意致力于什么，雇员们都将致力于它。它成为一个相互的承诺。

一个承诺与平等相关，与公平相关。当你谈论一个负责任的文化，就不能是一边倒的、单方面的。

当我们与一家企业合作的时候，我们总是会发现，如果那家企业里的人们不可靠，则是因为它的领袖首先就不可靠。一切总是起于那个领袖。我们总是着眼于领导可能在干什么，或者在领导层面有没有挑战、瑕疵或弱点。真相可能会伤人，但是真相就是真相。一旦我们发现那些东西能够在领导内部进行改进，领导就能做出改变。如果领袖能变得更好，他们的团队就能变得更好。

成也萧何，败也萧何。一切都在于领袖。

一切都在于领袖

有的公司的领袖会说：“我想变得更好”。他们通常是我们的最佳客户。他们会将一致的观念分享给他们所带领的人。他们是在说：“如果我的团队变得更好，与此同时我也变好了，那么我们整个企业就变得更好了。”

如果领袖做出承诺，那么其他人都会做出承诺。没有了承诺，你还有什么呢？你有的就是不确定和不稳定，会产生疑虑和不一致。以上这些东西都不能创造出一个好的环境，使人们在其中能享受工作，或者催生出巨大的成功。

没有了承诺，人们就不会互相连接，产生关系。人际关系是交流和成功的关键。有着最好的人际关系的企业，每一次都能胜过对手。人们一起工作，互相帮助，互相支持，这会创造出一个有高生产力的环境，人们喜欢自己的工作，就会带来高质量客户服务和优秀的工作表现。员工若没有对于企业价值观的单方面的承诺，就不可能有这样的结果。

承诺要求勇气

做出承诺是需要勇气的。人们对于未知的东西会感到苦恼。当你做出一个承诺，你并不总是知道它会怎样收场。你不知道会遇到什么阻碍，也不知道为了持守承诺你可能必须对什么机遇说“不”。

承诺不总是安全无虞的

人们常常担忧当他们做出承诺之后必须要放弃些什么。

很多人喜欢安全，而承诺是带有风险的。如果你问他们是不是正在做理想的工作，大多数时候得到的回答都是“不”。这是因为人们倾向于谨慎稳妥行事，不愿意冒险。稳妥行事正是令人们停滞不前的罪魁祸首。我们谈的是风险，而人们通常是风险规避者。他们不明白的是，通过承诺，他们所获得的会远远超过他们可能要放弃的。

不做承诺是一条简单的出路。不做承诺就不需要有胆量，不需要保持一致性。你不必付出时间、精力的代价，也不必失去可能的机遇。你不去承诺的时候，就避免了做艰难的决定。你选择简单的出路，就失去了你获得个人成长、进步和收获的所有机会。

承诺带来自由和其他美好的品质

绝对的承诺会产生自由。你不再是任何事、任何人的奴仆。因为绝对的承诺，使你得以完全自由地按照你的信念去做任何你知道是对的事。

当我们做出承诺的时候，我们的生命里就会产生出美好的品质。这些品质是信任、尊重、忠诚、可信度、影响力以及可靠。此外，我们还会有能力建设更有意义的人际关系。甚至因为你愿意做出承诺，还会产生出友谊和爱情。

如果你不想你的生命里或你工作的企业里具有任何这些美好的品质，现在就说出来，否则就永远不要作声。没错！信任、尊重、忠诚以及其他高效能的品质能使我们在我们的生活中和公司里有高水准的表现。然而，我们发现人们和企业一直缺乏这些品质。而缺乏这些美好品质的那些人，是我们不想与之为伍的人；缺乏这些美好品质的那些企业，是我们在其中享受不到工作的乐趣或者不会推荐给亲朋好友的企业。

承诺是一个礼物和馈赠。我对你的承诺不取决于你是不是持守你对我的承诺，否则我的承诺就是有条件的了。我的承诺是无条件的!

这不是一个战术题目，不是一种行为方式，而是一种思维方式。它是永久性的，是绝对性的。大多数人都在寻求不同的选项，他们在寻找一条容易退出的条款——一条可以妥协的出路。人们想要有回旋余地，但是事实可不是他们想的那样。

可靠不取决于行为，而取决于思维。承诺不取决于行为，而取决于思维。一种思维方式总是会产生出一个结果，而当提到可靠和承诺的时候，这个结果会是不可思议的美好、不可置信地强大。

承诺要求有热情

要想使人们做出承诺，就需要激励他们，让他们充满热情，他们必须有做出承诺的理由。

这个激励来自于领袖。一切都是从头开始，由上至下流淌的。无论领袖对什么做出承诺，都会影响到这个企业的走向；无论领袖始终如一地追求什么，都是这个企业将要去的方向。

> 承诺不取决于行为，而取决于思维

这样，如果领袖优柔寡断，企业就会拖泥带水；如果领袖目标明确，企业就会目标明确；而且领袖专注于什么，企业就会专注于什么；如果领袖专注于员工，那么员工也会专注于人——既专注于企业内部的人员，也会专注于企业外部的人，比如客户和所在的社区。

不是每个人都是领袖。一个人必须先承担起领袖的责任，才开始成为一名领袖，领袖首先要为他所带领的人负责任。要想成为一名领袖，就必须担当起这个责任。

领袖的热情能有助于在他所带领的人们里面产生激励。领袖能够很好地表达和传递他们的热情。这种热情将吸引那些受到激励并愿意做出承诺的人们。

在你的生活中，什么是绝对的承诺？当你决定好了什么是绝对的承诺，你就明确了目标，这使你可以专注地向前进。

绝对承诺的力量将释放你，使你充满能力。绝对的承诺将改变你的人生。